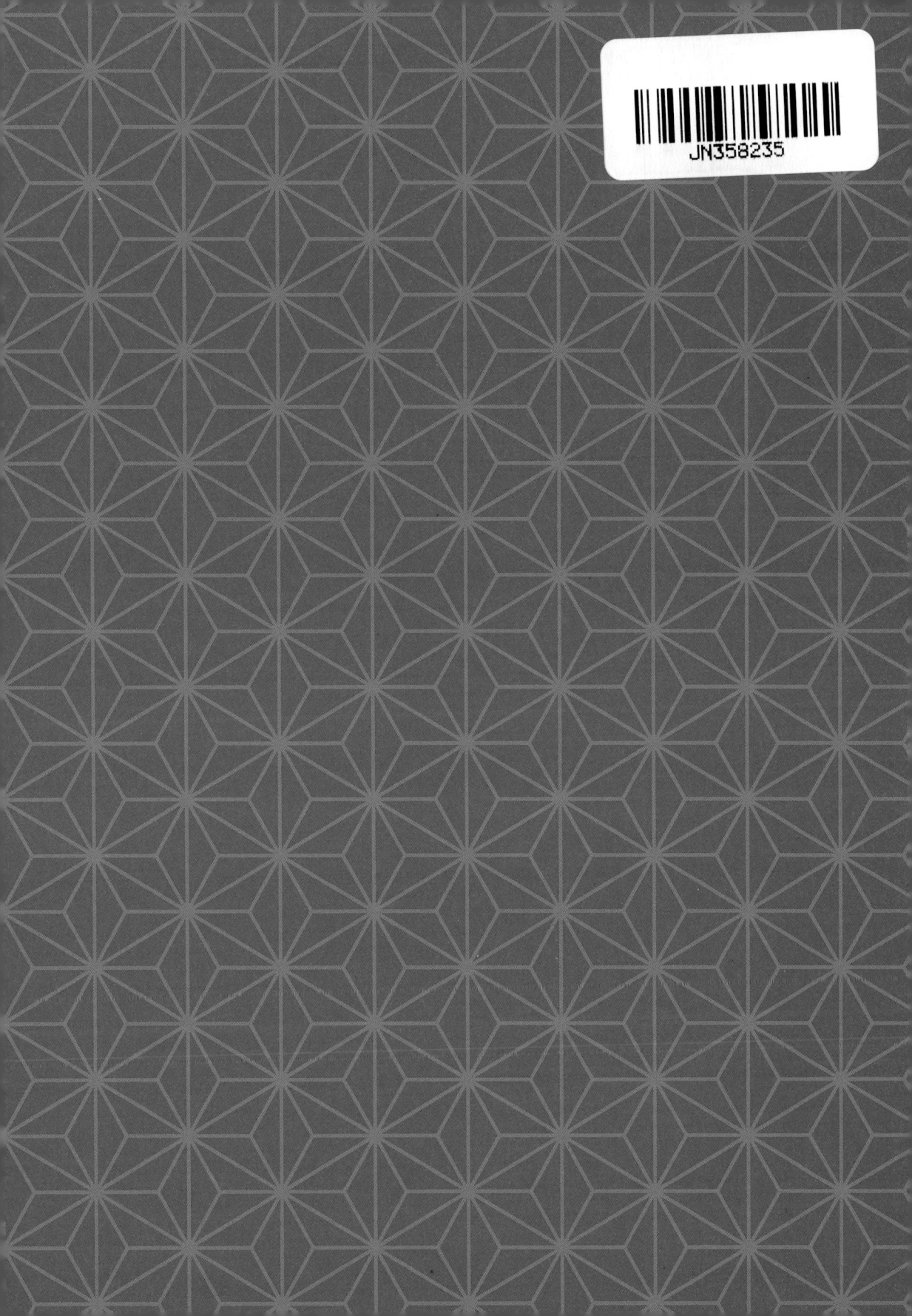

조선의 선비 정신

쉼 없이 탐구하고, 바르게 행하여 역사를 이끌다!

조선의 선비 정신

1판 1쇄 2013년 7월 11일
1판 5쇄 2025년 4월 21일

글 황근기
그림 이선주
펴낸이 이재일

책임 편집 표유진, 위윤녕
디자인 곰곰디자인 · 조희정
제작·마케팅 강백산, 강지연, 김주희
펴낸곳 토토북 | 출판등록 2002년 5월 30일 제2002-000172호
주소 04034 서울시 마포구 잔다리로7길 19, 명보빌딩 3층
전화 02-332-6255 | 팩스 02-6919-2854
홈페이지 www.totobook.com | 전자우편 totobooks@hanmail.net | 인스타그램 totobook_tam
ISBN 978-89-6496-146-9 73190

ⓒ 우리누리, 이선주 2013

이 책은 저작권법에 의해 보호를 받는 저작물이므로 무단 전재 및 무단 복제를 금합니다.
잘못된 책은 구입하신 곳에서 바꾸어 드립니다.

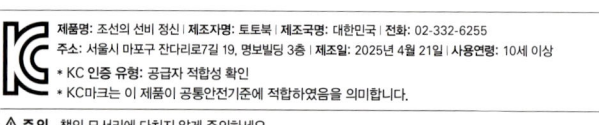

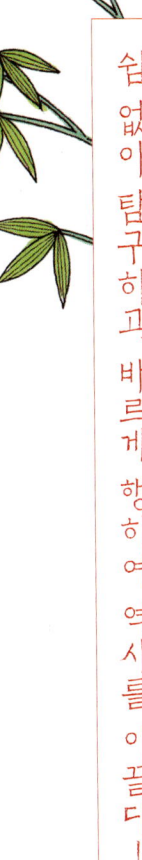

쉼 없이 탐구하고, 바르게 행하여 역사를 이끌다!

조선의
선비 정신

황근기 글 | 이선주 그림 | 임세빈(봉현초등학교 교장) 추천

또오북

| 추천의 말 | 선비 정신을 본받아 바르게 성장하는 아이들

조선의 선비들은 학식이 높고, 행동이 바른 사람들이었어요. 그들은 의리와 원칙을 지키고, 관직과 재물을 탐하지 않으며 깨끗하고 꼿꼿한 마음가짐으로 부끄러움 없는 삶을 살기 위해 평생을 노력했습니다.

사실 조선의 선비들이 책만 읽고 세상살이에 소홀했다는 비판도 있긴 합니다. 하지만 선비 한 사람 한 사람의 삶을 자세히 들여다보면 그들이 나라와 백성을 위해 얼마나 고민했는지를 엿볼 수 있지요. 관직에 나가 나랏일을 돌보며 왕이 올바른 정치를 펼칠 수 있도록 바른 말을 고하고, 백성들이 좀 더 편한 생활을 할 수 있도록 현실적인 방안을 모색했던 선비들. 그들은 조선이 오백 년이라는 긴 역사를 꽃피우는 데 가장 중요한 역할을 했던 그 시대의 진정한 리더였답니다.

예부터 곧고 바른 선비가 많기로 유명한 경북 영주에 위치한 봉현초등학교에서 교장으로 재직하면서 어린이들에게 선비 정신을 본받아야 한다고 늘 강조하곤 합니다. 언뜻 '옛날 사람들의 이야기가 오늘날의 어린이들에게 무슨 의미가 있을까?' 하고 생각하기 쉽지만 선비 정신을 이해한다는 것은 우리 역사의 뿌리를 이해하는 일과 같습니다. 또한 선비들이 평생 동안 공부하고 실천하며 지켜 왔던 삶의 가치들은 우리 어린이들이 바른 인성과 잠재력을 갖춘 이 시대의 주인공으로 커나가는 데 반드시 필요한 것들이지요.

교육 현장에서 선비 정신의 계승에 대해 직접 느끼고 고민하던 차에 토토북에서 《조선의 선비 정신》을 출간한다고 하니 무척 반갑고 기쁩니다. 어린이들은 이 책을 읽으며 선비를 직접 만나는 것 같은 생생함을 느낄 것입니다. 청백리 김덕함의 이야기를 읽으며 나보다 어려운 사람을 먼저 생각하는 따뜻한 마음을 기르고, 의병장 최익현의 이야기를 읽으며 나라 사랑의 마음이 타오르겠지요. 그러면서 스스로 선비를 닮고 싶다는 생각을 하게 될 것입니다.

세상의 가치가 혼란해지고 윤리가 바로 서지 않을 때일수록 이 책 속의 대쪽 같은 선비 정신은 꼭 필요한 가르침이 아닌가 생각합니다.

대한민국의 어린이들이 이 책을 읽으며 선비와 같은 품성을 본받아 세계 속의 리더로서 제 역할을 다 할 수 있는 사람으로 성장하길 바랍니다.

봉현초등학교 교장 임 세 빈

저자의 말 | 어린이들이 꼭 닮아야 할 조선의 선비

조선은 선비의 나라였어요. 조선의 선비들은 끊임없이 사람이 마땅히 지켜야 할 바른 길이 무엇인지 고민하고, 탐구하며, 실천한 사람들이었지요. 그들은 배움을 바탕으로 위로는 왕이 바른 정치를 할 수 있도록 도왔고, 아래로는 백성들이 편안히 살 수 있도록 다스린 행동하는 지식인이었답니다. 선비들은 왕이 잘못을 저지르면 서슴지 않고 그 잘못을 지적했고, 목에 칼이 들어와도 끝까지 올바른 소리를 했어요. 또 힘없고 약한 백성들이 혹여나 불이익을 당하지는 않을까 어질고 너그러운 마음으로 살피고 보살폈답니다. 이러한 선비들 덕분에 조선은 오백 년이란 긴 시간 동안 찬란한 역사를 꽃피울 수 있었던 거예요.

평생을 바르게 살기 위해 노력한 선비들의 마음가짐은 이후에도 계속 이어져 역사 속에서 빛을 발했답니다. 일제 강점기 때 우리 나라의 독립을 위해 투쟁했던 독립투사들이나, 우리나라의 민주화를 위해

싸웠던 많은 사람들도 옳은 일을 위해 죽음도 마다하지 않는 선비 정신을 이어 받은 사람들이라 할 수 있지요. 물론 여러분의 마음속에도 선비 정신이 뿌리를 내리고 있답니다.

이 책에는 한 벌의 외출복으로 평생을 살았던 조선 시대 최고의 짠돌이 김덕함, 자신의 역할을 다하기 위해 병풍 뒤에 숨어서 왕의 말을 엿들은 못 말리는 사관 민인생 등 아주 재미있고 흥미진진한 아홉 명의 선비 이야기가 담겨 있어요. 이러한 선비들의 일화를 통해 여러분은 우리가 반드시 본받아야 할 삶의 가치가 무엇인지 깨닫게 될 거예요. 또한 이야기를 읽은 뒤에는 '우리가 본받아야 할 선비정신'과 '선비와 함께 역사 알기' 또한 꼭 읽어 보세요. 선비들에 대해 더욱 자세히 알 수 있을 거예요.

이 책을 읽고 여러분들도 끊임없이 공부하고 배운 대로 행하는 조선 시대 선비들의 정신을 이어받아, 이 시대를 이끌어 가는 멋진 리더가 되길 바랍니다.

지은이 황 근 기

차례

추천의 말 4

저자의 말 6

백인걸 — 금강산 산골짜기로 숨어 버린 선비 66

황희 — 자식 앞에 무릎을 꿇은 선비 82

홍흥 — 왕자에게 호통을 친 선비 98

김덕함 — 속바지를 입지 않고 외출한 선비 10

민인생 — 왕의 병풍 뒤에 몰래 숨은 선비 28

최익현 — 도끼를 들고 광화문에 간 선비 48

김수팽 — 판서의 바둑판을 엎어 버린 선비 116

박팽년 — 왕을 나리라고 부른 선비 132

김득신 — 쉰아홉 살에 과거에 급제한 선비 150

김덕함
속바지를 입지 않고 외출한 선비

선비 김덕함

김덕함(1562~1636)은 조선의 열네 번째 왕 선조 때 벼슬에 올라 임진왜란이 일어났을 당시 큰 공을 세운 선비예요. 그 뒤 조선의 열여섯 번째 왕 인조 때에는 대사헌이라는 높은 벼슬에까지 올랐지요. 김덕함은 검소한 삶을 산 선비로 유명해요. 높은 벼슬에 올랐지만 끼니를 걱정해야 할 정도로 가난했지요. 하지만 결코 권력자에게 아부하거나 백성을 수탈하지 않았어요. 그는 자신의 안위보다 늘 백성의 삶을 먼저 생각하는 선비였답니다.

김덕함 속바지를 입지 않고 외출한 선비

부자들의 선물은 사양하겠소

조선 시대에는 고을에 새로운 원(조선 시대에 각 고을을 맡아 다스리던 지방 관리)이 부임을 하면, 그 고을의 부자들에게 '존문'이라고 하는 일종의 부임 인사 편지를 보냈어요. 그런데 이 존문의 내용이 '인사'라고 하기에는 석연치 않은 구석이 있었답니다.

> 김 부자, 안녕하신지요? 저는 이 고을을 새로 다스리게 된 김아무개이올시다. 소문을 듣자 하니 김 부자는 수천 평의 논을 가지고 있다던데, 올해도 집 안 창고에 곡식이 그득하겠지요? 머지않아 한번 뵙도록 합시다!

원에게 이런 편지를 받은 부자들은 그냥 가만히 앉아 있을 수 없었어요.
"김 부자, 새로운 사또(하급 벼슬아치나 일반 백성들이 원을 높여 부르는 말)께서 부임하셨으니 얼른 인사를 가야겠어."
"하지만 그냥 빈손으로 갈 수는 없고, 비싼 선물을 준비해야겠지? 이 부자 생각은 어떤가?"
"암, 새 사또께 미움을 받느니 소를 팔아서라도 선물을 준비해야지."
존문을 받은 사람들은 으레 값비싼 선물을 들고 원을 찾아갔고, 이런 일이 얼마나 많았는지 '존문 한 장에 외양간 소 나간다.'라는 속담이 생길 정도였지요. 사정이 이러하니 원은 쉽게 재물을 모아 부유하게 살 수 있었답니다.

하지만 경기도 여주와 강원도 춘천 등 여러 고을을 다스렸던 김덕함은 어찌 된 영문인지 끼니를 걱정할 정도로 지독하게 가난했어요. 존문을 보내면 쉽게 부자가 될 수 있는데 말이지요.

김덕함이 어느 고을의 새로운 원으로 부임했을 때 있었던 일이에요.

"사또 나리, 관아 창고에 쌓아 둔 양식이 거의 다 떨어졌습니다."

관아의 살림살이를 맡아보던 한 관리가 걱정스러운 목소리로 김덕함에게 고했어요. 하지만 김덕함은 태평하게 대답했지요.

"곧 나라에서 녹봉(벼슬아치에게 나누어 주던 월급)을 내릴 텐데 무슨 걱정이냐?"

"그러지 마시고 존문을 쓰시면 어떨까요? 예전에 계시던 사또 나리는 부임하시자마자 고을의 부자들에게 존문을 쓰셨습니다. 그러면 부자들이 너 나 할 것 없이 선물을 바리바리 싸 들고 왔습지요. 그것만으로도 일 년은 넉넉히 먹고도 남았사옵……."

"어허, 그게 무슨 해괴망측한 소리인고! 나라에서 녹봉을 내리고 있는데 무엇 때문에 백성에게 손을 내밀라고 하느냐. 쓸데없는 소리 말거라."

김덕함은 버럭 호통을 쳤어요.

"죄, 죄송합니다."

한번은 아무리 기다려도 존문이 오지 않자 이를 이상하게 여긴 마을의 부자들이 스스로 김덕함에게 인사를 온 적도 있었어요. 김덕함은 그들을

김덕함 속바지를 입지 않고 외출한 선비

반갑게 맞이했어요.

"어서 오세요. 그렇지 않아도 고을 사정을 잘 아는 분들과 대화를 나누고 싶었는데, 마침 잘되었습니다. 요즘 우리 고을 백성들의 생활은 어떠합니까? 사정이 딱하고 어려운 이들은 없습니까?"

부자들은 김덕함에게 고을의 이런저런 이야기들을 자세히 들려주었어요. 그리고 미리 준비해 온 선물을 슬그머니 내밀었습니다.

"저희의 성의입니다. 고을을 다스리려면 아무래도 필요한 게 많으실 것이고, 또 저희들도 잘 봐주십사 하는 마음에……."

"지금 저에게 뇌물을 바치겠다는 겁니까? 됐습니다. 그냥 도로 가지고 가십시오."

김덕함이 단호하게 말을 자르며 화를 내자, 부자들이 걱정스러운 표정으로 물었어요.

"관아 창고에 곡식이 떨어졌다는 소문이 자자합니다. 그러지 마시고 이왕 준비해 온 것이니 이번 한 번만 받으시지요."

"산 사람이 굶어 죽기야 하겠습니까? 또 이런 걸 가지고 오시려거든 이곳엔 발길도 하지 마십시오."

당시에는 나라에서 내리는 녹봉이 넉넉하지 않아 뇌물을 받지 않으면 아무리 높은 관직에 오른 벼슬아치라 하여도 살림이 넉넉하지 않았어요. 하지만 김덕함은 부자들이 내미는 뇌물을 받으면 떳떳하고 공정하게 고을을 다스릴 수 없다고 생각했답니다.

한 벌밖에 없는 외출복

김덕함이 '대사성'이라는 벼슬을 하고 있을 때였어요. 대사성은 조선 시대 최고의 교육 기관이었던 성균관의 으뜸 벼슬로, 지금으로 치면 우리나라 최고 대학교의 총장 정도 되는 매우 높은 직책이었어요. 하루는 모처럼 집에서 책을 읽으며 쉬고 있는데, 평소 친분이 있던 이유간이 하인을 보내왔습니다.

"나리, 그동안 안녕하셨습니까?"

"오, 자네는 이유간 대감 댁 하인이 아닌가. 무슨 일로 왔나?"

"저희 대감님께서 나리를 모셔 오라고 하십니다."

"왜 무슨 일이라도 있는가?"

"예, 오늘이 저희 대감님 생신입니다. 생신 잔치가 이미 시작하였고 다른 손님들은 모두 오셨는데, 대사성 나리께서 오시지 않아 제가 모시러 왔습니다. 어서 가시지요."

김덕함은 무릎을 탁 쳤어요. 이유간 대감과 약속했던 일이 기억났거든요.

"어이쿠, 내가 깜박 잊고 있었네."

"대감님께서 가마를 함께 보내셨습니다. 어서 채비를 하시지요."

"잠깐만 기다리게. 곧 의복을 차려입고 나오겠네."

김덕함은 서둘러 안방으로 들어갔어요. 그런데 벽에 걸려 있어야 할 외출복이 아무리 찾아도 보이지 않았어요.

"부인! 부인!"

김덕함은 다급한 목소리로 부인을 찾았습니다.

"여기 걸려 있던 옷, 못 보셨소?"

"오늘은 집에만 계신다고 하여, 삶아서 빠는 중인데 왜 그러십니까?"

"어허, 갖춰 입을 옷이라고는 그 옷 한 벌밖에 없는데 이를 어찌하나."

김덕함은 한 나라의 대사성이라는 높은 벼슬자리에 있으면서도 외출복을 단 한 벌밖에 가지고 있지 않았던 거예요.

"이유간 대감께는 사정을 전하시고 다음에 가시면 어떨까요?"

"그건 아니 될 말이오. 나를 데려 오라고 가마까지 보냈는데 어찌 그럴 수 있겠소."

김덕함은 결국 나랏일을 할 때 입는 관복을 입고 가기로 했어요. 하지만 관복 안에 챙겨 입어야 할 속바지까지 외출복과 함께 모두 빠는 중이었지 뭐예요. 김덕함은 잠시 고민을 하다 결국 속바지를 입지 않고 관복만 걸치고는 집을 나섰습니다.

잔칫집에 도착하자 이유간이 버선발로 뛰어나와 김덕함을 반겼어요.

"이제야 오십니까? 한참을 기다렸습니다. 아니, 그런데 오늘은 모처럼 업무가 없는 날인 것을 어찌 관복을 차려입고 오셨소?"

이유간이 의아한 듯 묻자 김덕함은 사실대로 말하기가 쑥스러워 얼른 핑계를 댔어요.

"흠, 할 일이 있어서 잠깐 성균관에 들렀다가 바로 오는 길입니다."
"그러시군요. 자자, 얼른 안으로 드시지요."
방에는 이미 여러 선비들이 모여 있었어요. 김덕함은 속바지 없이 관복만 입었다는 사실을 들키지 않으려고 최대한 조심해서 자리에 앉았어요. 손님들은 술잔을 주거니 받거니 하며 흥겹게 이야기를 주고받았습니다. 그러던 중 한 선비가 그만 김덕함의 무릎에 술을 쏟고 말았어요.
"아이고, 이를 어쩌나! 제가 얼른 닦아 드리겠습니다."
"아, 아닙니다. 전 괜찮습니다."
김덕함이 재빨리 손을 휘저으며 몸을 사렸습니다. 하지만 그 선비는 말릴 새도 없이 김덕함의 관복을 닦아 버렸지요.
"아니, 영감! 어찌 알몸 위에 관복만 걸치셨습니까?"
김덕함이 속바지를 입지 않은 것을 알아챈 선비가 깜짝 놀라 외쳤어요. 그러자 그 자리에 있던 모든 사람들이 김덕함을 바라봤어요. 잠시 어색한 침묵이 흐른 뒤, 이윽고 한 선비가 배꼽을 잡고 웃으며 말했어요.
"하하하! 영감, 무척 급하게 나오셨나 봅니다. 깜박 잊을 게 따로 있지요. 속바지 입는 걸 잊으시다니요. 아녀자들이 보았으면 어쩌시려고요."
그 말을 들은 다른 선비들도 함께 웃음을 터뜨렸어요. 웃음거리가 된 김덕함은 화를 내기는커녕 함께 웃으며 대답했습니다.
"그러게 말입니다. 늙으니까 별걸 다 잊어버립니다. 허허허."

사람들은 한참 시간이 지난 후에야 김덕함이 알몸 위에 관복만 입고 잔칫집을 찾아야 했던 진짜 이유를 알게 되었어요. 그리고 자신을 꾸미거나 체면을 차리는 일에 급급하지 않고 늘 검소하게 사는 김덕함의 모습에 깊은 감동을 받았다고 합니다.
"아하, 그런 사정이 있었구나. 우리는 그것도 모르고 김덕함 영감을 웃음거리로 만들었으니! 부끄럽기 짝이 없군."

끼니 걱정보다 백성 걱정이 먼저

김덕함의 집에 친구가 놀러 왔을 때는 이런 일도 있었어요.
"이보게. 자네는 오랜만에 친구가 찾아왔는데 술상도 안 내어놓을 셈인가?"
"아차, 미안하네. 잠깐만 기다려 보게. 부인, 얼른 술상을 차려 오시오."
그 소리를 듣고 달려온 부인이 난처한 표정을 지으며 김덕함을 불렀어요.
"드릴 말씀이 있사옵니다. 밖으로 잠시 나와 보시지요."
김덕함이 밖으로 나오자 부인이 나지막한 목소리로 집안 사정을 이야기했어요.
"집에 음식이 떨어져 술상을 보아 드리기가 어려운데 이 일을 어찌하면 좋을까요?"

김덕함 속바지를 입지 않고 외출한 선비

그 말을 들은 김덕함은 다시 방 안으로 들어와 미안한 얼굴로 친구에게 말했어요.

"이보게. 우리 술은 다음에 하기로 하고 차나 한 잔 마시면서 담소를 나누는 게 어떠한가? 내가 요즘 몸이 좀 안 좋아서 말일세."

"그런가? 그럼 아쉽지만 오늘은 그렇게 하도록 하지."

친구는 갑자기 말을 바꾸는 김덕함이 의아했지만 선선히 고개를 끄덕였어요. 하지만 시간이 지나 저녁때가 되었는데도 밥상을 내오지 않자, 친구는 김덕함에게 호통을 쳤습니다.

"예끼, 이 사람아! 곡식이 또 떨어졌구먼?"

"무슨 소린가? 벼슬아치 집에 왜 곡식이 떨어지겠는가?"

김덕함이 시치미를 뚝 떼고 말했지만, 친구는 못 말린다는 듯 혀를 찼어요.

"자네가 이 정도로 어렵게 사는 줄은 미처 몰랐구먼. 내가 오늘 집에 돌아가는 즉시 쌀 한 가마를 보내겠네. 하지만 그 정도로 해결될 문제가 아닌 것 같네. 그러니 이렇게 하면 어떻겠나? 내가 조만간 우리 집 종을 한 명 보내 주겠네."

"종은 왜?"
"그 종을 궁궐 공사하는 곳에 보내 일을 시키게. 그럼 품삯을 받아 올 테니, 그 돈으로 당분간 생활하면 되지 않겠는가."
친구의 말을 들은 김덕함은 단호하게 고개를 가로저었어요.
"미안하지만 그렇게는 할 수 없네."
"아니, 왜 그러나?"
"내 입에 풀칠을 하겠다고 자네 종을 데려다가 나라에서 하는 일을 시키면, 그 때문에 다른 백성 한 명이 일자리를 잃을 게 아닌가. 언제나 백성을 먼저 생각해야 하는 선비가 백성의 밥그릇을 빼앗는 짓을 해서야 되겠는가. 자네 성의는 고맙지만 차마 그런 짓은 못 하겠네."
친구는 자신의 끼니 걱정은 뒤로 한 채 백성의 살림살이를 먼저 생각하는 김덕함의 모습에 더 이상 아무 말도 할 수 없었답니다.

과연 청백리로구나!

선조가 왕위에 오른 지 25년째 되던 해인 1592년, 일본이 조선을 침략하는 전쟁이 일어났어요. 1598년까지 6년 동안이나 계속된 이 전쟁이 바로 '임진왜란'이에요. 전쟁이 일어나자 전국 곳곳에서 백성들은 나라를 지키기 위한 힘겨운 싸움을 해야 했습니다.
선조는 임진왜란 중에 공을 세운 백성들에게 상을 내리기 위해

김덕함 속바지를 입지 않고 외출한 선비

'군공청'이라는 임시 관청을 만들었어요. 이 소식을 들은 사람들은 너도나도 군공청 앞으로 구름처럼 몰려들었지요. 이 모습을 본 우의정(조선 시대 최고 행정 기관인 의정부를 이끈 세 벼슬 중 하나) 김응남이 병조 판서(조선 시대 군사에 관한 일을 총괄한 벼슬) 이항복에게 물었습니다.

"군공청 책임자로 누가 적합하겠습니까? 모두들 자기가 공을 세웠다고 나서니, 잘못하면 가짜로 공을 세운 자에게 상이 돌아갈까 봐 걱정이 됩니다. 책임자가 뇌물을 받고 거짓 심사를 할지도 모르지요. 절대 뇌물을 받을 위험이 없는, 행실이 바르고 탐욕이 없는 이가 책임자가 되어야 하는데 말이지요."

이항복은 누가 적임자인지 곰곰이 생각했어요.

"김덕함에게 맡겨 보시는 게 어떻겠습니까?"

"김덕함이라……."

김응남이 망설이자 이항복은 자신 있게 고개를 끄덕였어요.

"네. 그는 청렴한 사람으로 유명합니다. 아마 엄격하고 공정하게 잘 해낼 것입니다."

"병조 판서께서 추천하신다니 전하께 그리 고하겠습니다."

이렇게 해서 김덕함은 군공청 책임자가 되었습니다. 하지만 김응남은 좀처럼 마음이 놓이지 않았어요.

'군공청 책임자는 매우 중요한 자리야. 모든 일을 혼자 결정해야 하는데, 만에 하나 뇌물의 유혹에 넘어가게 되면 큰 혼란이 생길 거야.'

걱정을 거둘 수 없었던 김응남은 한 관리를 보내 김덕함에 대해 몰래 알아보라고 지시를 내렸습니다. 관리는 이곳저곳을 돌며 사람들에게 김덕함에 대한 평판을 물으러 다녔어요.

"군공청의 책임자 김덕함이 뇌물을 받았다는 얘기 못 들으셨소?"

하지만 돌아오는 대답은 한결같았지요.

"에끼, 이 사람아! 그 분이 어떤 분이신데 그런 말을 하는가? 다른 관리라면 몰라도 김덕함 나리는 절대 그럴 분이 아니시네."

"그럼 공을 세우지도 않은 친척이나 친구를 추천했다는 얘기는……."

"어허, 이런 사람을 보았나! 그런 짓을 할 분이 아니래도!"

누구를 붙잡고 물어보아도 김덕함의 청렴함을 칭찬하는 말뿐이었어요. 김응남은 이 이야기를 전해 듣고서야 마음을 놓으며 감탄했다고 합니다.

"참 훌륭한 사람이구나. 유혹이 많은 자리에 앉아 있으면서도 깨끗하고 공정하게 자기가 맡은 일을 해 나가다니. 과연 청백리로다!"

'청백리'란 재물에 욕심이 없는 곧은 성품의 벼슬아치를 이르는 말이에요. 조선 시대에는 관리들 중 청렴하고 검소하며 부모에게 효도하는 어진 이를 뽑아 청백리 상을 내리고 모든 이들이 존경하도록 했지요.

사실 어느 시대에나 높은 관직에 오른 관리들에게 돈이나 값나가는 물건을 바치는 사람들이 있기 마련이지요. 몇몇 관리들은 그런 사람들에게 뇌물을 받고 옳지 못한 방법으로 그들의 부탁을 들어주거나

김덕함 속바지를 입지 않고 외출한 선비

편의를 봐 주었고요. 또 권력을 앞세워 힘없는 백성들의 재물을 빼앗거나 나랏돈을 몰래 빼돌리기도 했어요.

하지만 김덕함은 어떤 유혹에도 흔들리지 않았고, 언제나 백성을 먼저 생각하겠다는 자신의 신념을 꿋꿋이 지켰어요. 그래서 김덕함이 다스리는 고을의 백성들은 일부 못된 관리들의 횡포에서 벗어나 편안하게 살 수 있었지요. 결국 김덕함은 1636년에 청백리로 뽑혀 많은 선비들에게 모범이 되었답니다.

'청백리 똥구멍은 송곳 부리 같다.'라는 속담이 있어요. 청백리는 재물에 대한 욕심이 없이 곧고 깨끗하여 재물을 모으지 못하고 지극히 가난하다는 뜻이에요. 김덕함도 끼니를 걱정할 정도로 살림이 어려웠어요. 하지만 그를 믿고 따르는 백성들을 생각한다면 마음만은 그 누구보다 풍요로운 선비가 아니었을까요?

우리가 본받아야 할 선비 정신

청렴하고 검소한 마음가짐

　조선의 선비들은 중국 춘추 시대의 사상가인 공자의 가르침을 쉼 없이 탐구하고 바르게 행하여 부끄러움 없는 삶을 살고자 했어요. 그들은 공자의 가르침을 연구하는 학문인 유학을 공부하고, 공자가 강조한 덕목을 이어받아 훌륭한 선비가 되고자 평생을 노력했지요.

　김덕함의 청렴하고 검소한 마음가짐도 공자의 가르침에서 비롯된 것이에요. 공자는 사치하지 않고 재물에 욕심부리지 않는 생활이 얼마나 중요한지 여러 번 강조했답니다. 탐욕스러운 자는 돈으로 사지 못할 것이 없다고 믿어 겸손함을 잃고, 자기보다 가난한 사람을 쉽게 깔보게 된다고 하였지요. 따라서 진정한 선비라면 마땅히 돈을 쓸 때는 꼭 필요한 만큼만 쓰고, 나머지는 나보다 가난한 다른 사람을 돕는 데 써야 한다고 했답니다.

　김덕함은 이러한 공자의 가르침을 본받아 재물이 생기고 나가는 데 집착하지 않고, 부유하고 가난한 것으로 사람을 차별하지 않으며, 늘 어려운 사람을 먼저 생각하는 삶을 살았답니다.

선비와 함께 역사 알기

◆ 선비 중의 선비 청백리

조선 시대에는 백성의 본보기가 될 선비를 뽑아 '청백리'라고 칭했어요. 청백리에 뽑힌 선비들은 늘 검소한 삶을 살며 항상 공정하게 나랏일을 처리해 많은 사람들에게 존경을 받는 인물이었지요. 나라에서는 청백리에 뽑힌 선비들에게 재물을 내리고 벼슬을 올려 주었습니다. 또 자손들까지 벼슬길에 나갈 수 있는 특전을 주었지요. 무엇보다도 청백리에 뽑혔다는 것 자체가 가문 대대로 큰 자랑거리였답니다.

◆ 청백리는 어떻게 뽑았을까?

청백리의 선발 기준은 매우 엄격했어요. 성품이 깨끗하고 재물에 욕심이 없어야 하는 것은 기본이었고요. 부지런하고 효성이 지극해야 하며 의로운 사람이어야 했어요. 또한 나랏일을 잘 처리하고, 현명하고 너그럽게 백성을 보살필 줄 아는 등 여러 가지 능력을 두루 갖춘 관리여야 했지요. 김덕함을 비롯해 황희, 이황, 이항복 등 훌륭한 선비들이 청백리에 뽑혔답니다.

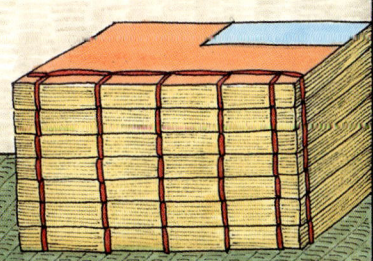

민인생
왕의 병풍 뒤에 몰래 숨은 선비

선비 민인생

민인생(1373~?)은 조선의 세 번째 왕 태종 때 사관을 지낸 선비예요. 사관은 왕의 말과 행동을 바탕으로 한 나라의 역사를 기록하는 매우 중요한 일을 했어요. 하지만 관직이 워낙 낮은 탓에 사관 한 사람 한 사람의 삶은 잘 알려져 있지 않아요. 그러나 다행스럽게도 태종이 왕의 자리에 있었던 18년 동안의 일들을 기록한 《태종실록》에 민인생이 얼마나 맡은 바 임무에 충실한 사관이었는지 알 수 있는 짧은 일화가 남아 있답니다.

민인생 왕의 병풍 뒤에 몰래 숨은 선비

사관에게 이 일을 알리지 말라

조선 시대에는 왕의 말과 행동을 기록하는 일을 맡아보던 '사관'이란 벼슬이 있었어요. 사관은 궁궐에서 이루어지는 여러 행사는 물론 왕과 신하가 만나는 자리에 참석하여 왕의 일거수일투족을 빠짐없이 사초(왕의 하루를 자세히 기록한 원고)에 기록했습니다. 그리고 왕이 죽고 나면 사초에 남아 있는 기록을 바탕으로 그 왕의 업적을 정리한 역사책을 편찬했지요.
민인생은 조선의 세 번째 왕 태종 때 사관을 지냈어요. 태종은 무서운 왕으로 소문이 자자했지요. 그래서 궁궐 안의 모든 사람들은 태종의 눈치를 보며 몸을 사렸답니다.
"민 사관, 요즘 고생이 많으시지요?"
궁궐에서 우연히 마주친 관리가 민인생에게 인사를 건네며 물었어요.
"고생이라니요?"
"호랑이처럼 무서운 전하와 늘 함께하시니 말입니다."
"그야 마땅히 해야 하는 일 아닙니까."
"사관께서는 전하가 안 무서우십니까?"
"저도 무섭지요. 하지만 제가 맡은 일이 전하의 곁에서 사초를 쓰는 일인 것을 어쩌겠습니까?"
민인생은 그저 허허 웃으며 대답했어요.
하루는 태종이 사냥을 나갈 채비를 하고 있었어요. 그 소식을 들은 민인생도 서둘러 태종이 있는 궁궐 문 앞으로 달려갔습니다. 민인생을 본 태종은 고개를 갸웃하며 시큰둥하게 물었어요.

"민 사관, 자네가 웬일로 여길 왔나?"

"사냥터에 따라가 사초를 쓰기 위해서입니다."

민인생은 공손히 고개를 숙이며 대답했습니다.

"허허, 사관의 일은 궁궐 안에서만 하면 되지 사냥터까지 쫓아올 필요는 없네. 내가 특별히 허락할 테니, 오늘은 집에 가서 푹 쉬도록 하게."

"전하, 저는 제가 맡은 소임을 다해야 하기 때문에……."

"그럼 수고하게."

"저, 전하……."

민인생의 말이 채 끝나기도 전에 태종은 말을 몰고 떠나 버렸어요. 보통 사람이었다면 아마 이쯤에서 포기하고 집으로 돌아갔을지도 몰라요. 하지만 민인생은 절대 포기할 사람이 아니었어요.

"음, 이 정도면 전하도 나를 못 알아보시겠지?"

민인생은 재빨리 얼굴을 가릴 천을 준비하고는 서둘러 말을 몰아 태종의 뒤를 쫓았답니다. 그런데 갑자기 소나기가 내리기 시작했어요.

"이크, 사초가 젖으면 큰일이지."

민인생은 얼른 사초를 옷 속에 품고 길을 재촉했어요. 얼마 지나지 않아, 멀리 숲 속에서 십여 명의 장군들과 비를 피하며 이야기를 나누고 있는 태종의 모습이 보였어요. 민인생은 조심스럽게 다가가 귀를

민인생 왕의 병풍 뒤에 몰래 숨은 선비

기울였습니다. 천으로 얼굴을 가리고 나무 뒤에 숨어 아무도 민인생을 알아보지 못했지요.

'무슨 말씀을 하시는 걸까?'

민인생은 대화의 내용이 궁금했지만 빗소리 때문에 전혀 들리지 않았어요.

'조금만 더 가까이 가면 들리겠지?'

민인생은 자기도 모르게 태종 곁으로 점점 가까이 다가갔어요. 그 순간 태종이 민인생의 모습을 보고 말았답니다.

"너는 누군데 얼굴을 가리고 있느냐?"

"전하, 사관 민인생입니다."

민인생은 얼른 머리를 조아렸어요.

"내가 분명 따라오지 말라고 했을 텐데!"

태종이 화가 난 목소리로 말했습니다.

"전하, 사관의 임무는 전하의 모든 말과 행동을 기록하는 것입니다. 저는 그 임무를 소홀히 할 수 없어 이렇게 따라오게 되었습니다."

"자네는 번번이 나를 귀찮게 하는군. 정말 골치 아픈 신하로다."

그러자 태종의 옆에 있던 한 장군이 민인생을 거들어 주었어요.

"전하, 사관의 임무가 워낙 중요하여 맡은 일을 충실히 수행하려는 것이니 너그러이 용서해 주시지요."

"에헴, 이거야 원! 마음 놓고 농 한마디 할 수 없어서 그러는 게 아닌가?"

민인생은 구석으로 물러나 사초를 펼쳐 들고는 조금 전에 태종이 한 말을 그대로 옮겨 적었습니다.

왕께서 사관들 때문에 마음 놓고 농 한마디 할 수 없다고 불평을 하셨다.

그때 갑자기 하늘에서 천둥 번개가 쳤어요. 태종이 탄 말이 깜짝 놀라 펄쩍 뛰었습니다. 그 바람에 태종은 말에서 떨어지고 말았어요.
"전하! 다치지 않으셨습니까?"
당황한 장군들이 태종에게 달려갔어요. 태종은 옷에 묻은 진흙을 툭툭 털며 멋쩍은 듯이 말했습니다.
"사관이 내 모습을 보았느냐?"
"네? 전하 무슨 말씀이신지요?"
"이런 일이 사초에 기록되면 내 꼴이 뭐가 되겠느냐? 그러하니 사관에게는 절대 이 일을 기록하지 말라고 단단히 이르거라."
조선의 왕들은 사관이 혹시 본인에게 흉이 될 일까지 모두 사초에 기록할까 봐 몹시 걱정을 했어요. 태종도 마찬가지였지요. 태종은 사관이란 벼슬이 아예 없어졌으면 좋겠다고 생각할 정도였답니다.
잠시 후 장군 한 명이 민인생에게 다가와 넌지시 말을 건넸어요.
"이보게, 이번 일은 사초에 기록하지 말게나. 전하의 명령이니 꼭 그렇게

민인생 왕의 병풍 뒤에 몰래 숨은 선비

해야 하네. 부탁하네."

민인생은 가타부타 아무 말도 하지 않고 고개를 숙였습니다.

"그럼 나는 자네만 믿겠네."

장군은 민인생의 어깨를 툭툭 두드리고 말에 올랐어요.

태종과 장군들은 사냥을 마치고 궁궐로 돌아왔습니다. 민인생도 궁궐로 돌아와 다음 사관과 근무를 교대하기 위해 춘추관(사관들이 일하는 곳)에 들렀어요.

"민 사관, 수고했네. 사초를 이리 주게."

'아무리 전하의 명령이라고 해도 그럴 수는 없지.'

민인생은 교대하는 사관에게 사초를 넘겨주려다 말고 잠시 생각에 잠겼어요.

"민 사관, 왜 그러나? 이리 주고 어서 가서 좀 쉬게나."

"잠깐만 기다리게. 오늘 기록하지 못한 부분이 있어서 말이야."

> 왕이 말에서 떨어지신 뒤, "사관들에게 이 일을 알리지 마라."라고 말씀하셨다. 그리고 또……

민인생은 얼른 다시 사초를 펼쳐 들고 사냥터에서 있었던 일을 마저 다 기록했답니다. 제아무리 무서운 왕의 명령도 자신의 임무를 충실히 수행하려는 민인생의 의지를 꺾을 수 없었던 거예요.

사초는 절대 보여 드릴 수 없사옵니다

그 후에도 민인생은 태종을 그림자처럼 따라다니며 말과 행동을 있는 그대로 기록했어요. 여러분이 태종이라고 한번 생각해 보세요. 사관들이 졸졸 따라다니며 왕이 하루에 방귀를 몇 번 뀌었다느니, 차마 입에 담지 못할 욕을 했다느니, 이런 것까지 일일이 기록한다면 어떻겠어요? 몹시 귀찮고 성가시겠지요? 그래서 태종은 어떻게 하면 사관들이 자신을 따라다니지 못하게 할까 대책을 궁리했답니다. 마침내 태종에게 좋은 방법이 떠올랐어요. 태종은 조정의 관리들에게 엄명을 내렸습니다.

"오늘부터는 높은 관리들이 편전(조선 시대 궁궐에서 왕이 평상시 업무를 보던 곳)에 들러 나랏일을 고하거라."

왕과 회의를 하기 위해 정전(궁궐에서 나라의 중대한 행사를 거행하던 곳)으로 향하던 관리들은 명을 듣고 편전으로 발걸음을 옮겼어요. 민인생의 동료 사관 홍여강도 그 틈에 끼어 편전으로 향했답니다. 그러나 태종은 사관은 절대 편전으로 들어오지 못하게 하라는 명령도 함께 내렸지 뭐예요.

"어허, 무엄하도다. 어찌 직책이 낮은 사관

민인생 왕의 병풍 뒤에 몰래 숨은 선비

따위가 왕의 공간에 들려고 하느냐? 어서 물러가거라. 어차피 승지(조선 시대 승정원에 속해 왕의 비서 역할을 하는 벼슬)들이 내 곁을 지키며 나의 말과 행동을 기록하지 않느냐!"

태종은 큰 소리로 홍여강을 향해 소리쳤어요.

"뭘 그리 멀뚱멀뚱 서 있는 게야. 어서 물러가라니까!"

"예, 전하."

홍여강은 태종의 호통에 혼비백산이 되어 편전을 나오고 말았습니다. 홍여강은 민인생에게 업무를 넘겨주며 이 소식을 함께 전했어요.

"이보게, 민 사관! 내 생각에는 전하가 편전에서 나오시기를 기다리는 게 좋겠네. 어찌나 무섭던지 지금도 등에서 식은땀이 흐르는구먼."

하지만 민인생은 무슨 일이 있어도 나랏일을 논하는 중요한 대화를 사초에 기록해야 한다고 생각했어요. 그래서 조금도 망설이지 않고 사초를 옆구리에 낀 채 편전으로 향했습니다. 그리고 처음 사관이 되고자 결심했던 때를 떠올렸지요.

민인생은 후손들에게 전대 왕의 업적을 전하여 본받을 수 있도록 하고, 과오 또한 있는 그대로 전하여 되풀이하지 않도록 하는 사관의 일이 무척 중요하다고 생각했어요. 그렇기 때문에 꼭 훌륭한 사관이 되어 진실된 역사를 기록해야겠다고 생각했답니다.

하지만 늘 왕의 곁을 지키며 빠르고 정확하게 왕과 신하들의 말을 받아 적는 건 결코 쉬운 일이 아니었어요. 또 왕은 자신의 허물이 역사에 기록되는 것을 원하지 않았기 때문에 사관의 일은 더욱 어려웠습니다.

"민 사관! 홍 사관에게 사정을 듣지 못했소?"

도승지(으뜸 승지) 박석명이 편전에 들어가려는 민인생의 앞을 막아서며 물었어요. 승지들은 왕의 비서로 왕의 명을 신하들에게 전달하고, 신하들이 왕에게 올리는 글을 전달하는 일을 했어요. 또 왕실의 업무를 그날그날의 일기로 기록했습니다. 하지만 누구의 편도 들지 않고 객관적인 태도로 역사를 기록하는 사관들과는 달리 승지들은 왕의 처지를 대변하는 일기를 썼답니다.

"왜 이러십니까? 대감도 사관이 하는 일을 잘 아시지 않습니까?"

"민 사관! 왜 이렇게 말귀를 못 알아들으시오? 전하의 엄명이 있었다니까요."

박석명이 몰아붙이자 민인생은 더 당당한 목소리로 말했어요.

"저는 사관입니다. 누가 뭐래도 왕의 말씀을 기록해야 합니다."

민인생은 박석명의 팔을 뿌리치고 편전으로 들어갔어요. 민인생을 본 태종은 바로 얼굴을 찌푸리며 호통을 쳤습니다.

"사관이 여기에 왜 왔느냐? 사관은 들이지 말라고 했을 텐데!"

"전하! 신하들이 전하께 나랏일을 아뢰고 있습니다. 사관이 들어가지 못하면 역사를 어찌 기록하겠습니까? 편전에서 하시는 전하의 말씀도 기록할 수 있도록 허락해 주십시오."

민인생이 재차 간청하자 태종은 귀찮다는 듯 대답했습니다.

민인생 왕의 병풍 뒤에 몰래 숨은 선비

"정 그렇다면 편전 밖에서 사초를 기록하도록 하라."

하지만 민인생은 조금도 물러서지 않았어요.

"전하, 아뢰옵기 송구하오나 어찌 신에게 눈으로 보지 않은 것을 기록하라 명하십니까? 사관은 직접 눈으로 보고, 귀로 들은 것을 써야 합니다. 하늘에서 내려다보고 있습니다. 부디 신이 진실을 곧게 쓸 수 있도록 허락하여 주시옵소서!"

"정말 못 말리겠구나. 오늘 하루만 특별히 허락하는 것이니, 다음부터는 절대 편전에 들지 말도록 하여라!"

결국 태종은 머리를 설레설레 흔들며 민인생이 편전에 들어오는 것을 마지못해 허락했어요. 민인생은 한구석에 쪼그리고 앉아 태종과 관리들의 대화를 받아 적었답니다.

"요즘 전하께서 경연(왕이 신하들과 학문을 닦고 나랏일을 논의하는 일)을 멀리하시고 매일 사냥과 잔치에 빠져 있으셔서 걱정이 되옵니다."

"어허, 자네 왜 이러나? 사관이 있지 않은가. 말을 가려서 하게."

"송구합니다. 전하."

민인생이 신경 쓰인 태종은 민인생에게 다가와 사초를 힐끔 쳐다보며 넌지시 물었어요.

"자네 방금 뭐라고 기록하였나'?"

민인생은 얼른 몸을 움츠려 사초를 가렸습니다.

"뭘 그리 감추는 게냐? 어디 뭐라고 썼는지 보자니까."

"아무리 전하라 할지라도 사초를 보여 드릴 수는 없습니다."
"어허! 이 나라의 왕이 그깟 문서 하나 마음대로 읽을 수 없단 말이더냐!"
"전하, 황송하오나 사초만은 절대 보여 드릴 수 없습니다."
조선 시대에는 사관 말고 아무도 사초를 볼 수 없도록 하는 법이 있었어요. 만일 왕이 사초를 볼 수 있다면 사관들은 왕의 눈치를 보느라 정직하게 사초를 쓰지 못하고 왕이 마음에 들어 할 이야기만 쓸 테니까요.
태종은 일일이 자기 명령을 거스르는 민인생이 눈엣가시였어요. 그러나 법이 그런지라 어쩔 수가 없었지요.
"허허, 이것 참! 정말 못 말리는 사관이로구나."
태종은 도로 자리에 앉으며 허탈한 목소리로 말했습니다.

병풍 뒤에 숨어서 왕의 말을 기록한 사관

며칠 뒤 민인생은 춘추관 앞에서 근심 가득한 표정을 짓고 있는 홍여강과 마주쳤어요.
"홍 사관! 왜 그렇게 얼굴빛이 안 좋은가?"
"말도 말게. 오늘도 전하께서 잔치를 여셨는데, 사관은 절대 들이지 말라는 명이 또 떨어졌다네."
"그럼 전하께서 하시는 말씀은 누가 기록하는가?"

민인생 왕의 병풍 뒤에 몰래 숨은 선비

"글쎄……."

홍여강은 우물쭈물 말끝을 흐렸어요.

"이런, 아무도 없다는 말이로군. 잔치가 어디서 열리고 있는가?"

"청화정이라네."

홍여강의 말이 끝나기가 무섭게 민인생은 청화정으로 달려갔어요.

청화정에 거의 다 다다랐을 무렵 군사들이 민인생의 앞을 가로막았어요.

"아끼는 신하들을 위해 사사로이 여는 잔치인지라 사관은 절대 들이지 말라고 하셨습니다."

"사사로이 나누시는 대화 역시 꼭 기록해야 하는 역사의 한 부분이라네. 비키게."

민인생은 군사들을 제치고 청화정으로 들어가려 했지만 군사들은 물러설 기미가 보이지 않았습니다.

"죄송합니다. 저희는 전하의 명을 어길 수 없습니다."

민인생은 군사들과 한참 승강이를 벌였지만 소용이 없었지요. 그 뒤로도 민인생은 좀처럼 태종을 만날 수가 없었답니다.

"사냥에도 못 따라가게 하시고, 편전에도 못 들어가게 하시고, 잔치에도 참석하지 못하게 하시니, 휴……."

민인생은 땅이 꺼지도록 한숨을 내쉬었어요. 그 모습을 보고 홍여강이 물었습니다.

"이보게. 요즘 왜 매일같이 한숨을 쉬고 그러나?"

"그걸 몰라서 묻는 것인가? 맡은 일에 충실할 수 없으니 어찌 한숨이 안 나오겠는가?"

민인생의 말에 홍여강도 고개를 끄덕였어요.

"그러게 말이야. 전하께서 저리 사관을 멀리하시니 걱정일세."

"그렇다고 손을 놓고 있는 건 사관의 도리를 다하지 않는 것이네. 암!"

다음 날 새벽 민인생은 편전으로 향했습니다. 이른 시간이라 편전에는 아무도 없었지요. 민인생은 마음을 단단히 먹고 얼른 태종이 앉는 자리 뒤에 펼쳐진 병풍 뒤로 몸을 숨겼습니다.

'비록 이는 예의에 어긋나는 일이지만, 이렇게 해서라도 맡은 바 책임을 다해야 해.'

잠시 후 태종과 몇몇 관리들이 편전으로 들어왔어요. 혹여나 태종에게 들키지는 않을까 민인생은 가슴이 콩닥콩닥 뛰었답니다.

"요즘 황해도 지역에 도적 떼가 들끓는다고 하던데, 그 이유가 무엇이냐?"

"몇 년째 계속되는 흉년 때문인 줄 아옵니다."

태종과 관리들의 대화가 시작되자 민인생은 재빨리 붓을 들어 그 내용을 기록하기 시작했습니다. 귀를 쫑긋 세우고 말소리 하나 놓치지 않으려고 노력했지요. 그러다 그만 팔꿈치로 병풍을 툭 건드리고 말았어요.

"여봐라. 이게 무슨 소리냐?"

태종이 물었지만 관리들도 영문을 알 수 없었어요. 한순간 무거운

민인생 왕의 병풍 뒤에 몰래 숨은 선비

침묵이 흐른 후 마침내 태종이 벌떡 일어나 병풍을 홱 걷어 버렸습니다.

"네 이놈! 지금 여기서 무엇을 하는 것이냐?"

"저, 전하······."

"편전에 들어오지 말라는 명령도 어기고, 병풍 뒤에 숨어서 왕의 말을 엿듣다니! 네가 지금 제정신이냐?"

민인생은 이마를 바닥에 대고 엎드려 용서를 빌었어요.

"전하, 죽을죄를 지었습니다. 하지만 사관의 임무를 다하기 위해 어쩔 수 없는 선택이었습니다. 부디 용서하여 주십시오."

하지만 태종의 목소리는 얼음보다 더 차가웠습니다.

"여봐라! 저 사관을 삼 일 동안 옥에 가두어라. 그리고 앞으로 한 달에 여섯 번, 공식적으로 정전에서 정사를 보는 날이 아니면 사관들을 절대 궁궐 안으로 들이지 마라."

이렇게 민인생은 태종의 노여움을 사 옥살이를 하게 되었습니다.

삼 일 후 옥살이를 마치고 나온 민인생은 곧바로 왕에게 상소(신하가 왕에게 올리는 글)를 올렸어요.

> 전하, 사관이 사초를 쓰는 것은 조선의 역사를 있는 그대로 기록하여 후세의 백성이 옳고 그름을 배우고 판단할 수 있게 하기 위함이옵니다. 하늘이 보고 있사옵니다. 부디 사관 제도를 바로 잡으소서.

민인생 왕의 병풍 뒤에 몰래 숨은 선비

상소를 읽은 태종은 펄쩍 뛰었어요.

"뭐라? 보자 보자 하니까 건방이 하늘을 찌르는구나. 사관 주제에 감히 왕을 가르치려고 들어? 당장 이놈을 멀리 귀양 보내도록 하여라!"

또다시 태종의 노여움을 산 민인생은 결국 귀양살이까지 하게 되었답니다.

조선 시대 사관은 출세했다고 말할 수도 없을 정도로 낮은 벼슬이었어요. 또한 조선 초기에는 사관 제도 자체가 제대로 자리 잡지 못했었지요. 하지만 사관들은 투철한 직업의식과 눈물겨운 노력으로 조선의 사관 제도를 점차 발전시켰어요. 왕도 두려워하지 않고, 오직 올바른 역사를 기록하는 일에 자신의 모든 것을 바친 민인생과 같은 대쪽 같은 사관이 있었기에 조선 태조에서 철종까지 472년 동안 일어난 역사가 낱낱이 담긴 위대한 역사책 〈조선왕조실록〉이 탄생할 수 있었답니다.

우리가 본받아야 할 선비 정신

진실을 지키고자 하는 마음가짐

조선의 사관들은 단순하게 일어난 사건을 쓰기만 한 게 아니었답니다. 그들은 왕의 행적에 대한 비판도 서슴지 않았어요. 조선 시대에 절대 권력을 가졌던 왕도 벌벌 떨 만큼 말이지요. 폭군으로 알려진 조선의 열 번째 왕 연산군마저 "내가 무서운 것은 사관뿐이다."라고 말했을 정도로 사관들의 기록은 엄격했답니다.

  사관들이 이렇게 충실히 임무를 수행할 수 있었던 바탕에는 유학의 가르침이 있었어요. 공자는 사관들이 객관적이면서도 엄정하게 비판의 자세를 유지하며 역사를 기록해야, 나라를 어지럽히는 무리들이 이를 두려워해 나라가 바로 선다고 강조했지요. 민인생은 이러한 공자의 가르침을 깊이 새겨 조금도 타협하지 않고, 매우 엄격하게 사관의 임무를 다했답니다. 그는 왕의 권력 앞에서도 두려워하지 않고 꼿꼿하게 진실을 기록한 진정한 선비였지요.

선비와 함께 역사 알기

◆ 사관들의 고통과 인내 속에서 기록된 사초

조선에 처음 사관 제도가 시행되었을 때는 말단 관리인 사관이 왕과 높은 관리들이 나랏일을 논하는 방에 들어가 그 내용을 기록한다는 것은 가당치도 않은 일이었어요. 그래서 사관들은 방 밖에서 사초를 기록해야 했답니다. 하지만 방 밖에서는 말소리가 잘 들리지 않았어요. 사관들은 끈질기게 요구하여 마침내 방 안으로 들어갈 수 있게 되었답니다. 그러나 방에서도 구석에서 허리를 굽히고 바닥에 납작 엎드린 채 글을 써야 했어요. 사관들은 허리와 무릎 통증에 시달렸지만 꾹 참아 가며 묵묵히 역사를 기록했지요. 이후 조선의 아홉 번째 왕인 성종 때가 되어서야 비로소 똑바로 앉아 글을 쓸 수 있게 되었답니다.

고통을 참아 가며 역사를 기록했던 사관들의 숨은 노력 덕분에 국보 제151호이자 유네스코 세계 기록 유산으로 지정된 〈조선왕조실록〉이 이 세상에 나올 수 있었던 거예요.

◆ 〈조선왕조실록〉을 만든 뒤 사초는 어떻게 처리했을까?

중요한 자료를 그대로 놓아두면 누군가 몰래 읽을 수도 있잖아요. 그래서 책이 편찬된 뒤에는 사초를 모두 물에 씻어 그 내용을 없앴다고 해요. 옛날에는 한지 위에 먹물로 글을 썼기 때문에 물에 씻으면 글씨가 깨끗이 지워졌답니다.

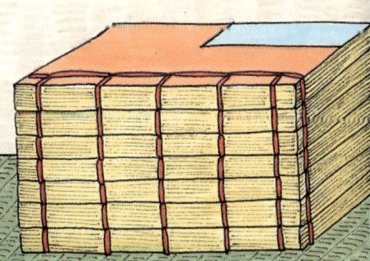

최익현
도끼를 들고 광화문에 간 선비

선비 최익현

최익현(1833~1906)은 조선 말과 대한제국 시기에 활동한 선비이자 의병장이에요. 과거에 급제하여 벼슬에 올랐지만, 조선의 스물여섯 번째 왕 고종의 아버지 흥선 대원군이 왕 대신 정사를 돌보는 것을 끊임없이 비판하는 바람에 밥 먹듯이 귀양살이를 했어요. 이후 일본이 나라를 빼앗자 의병을 일으켜 일본군과 맞서 싸우다, 일본 대마도로 강제 이송 당했어요. 최익현은 자신이 옳다고 생각한 일에는 뜻을 굽히지 않고, 부당한 것에는 당당하게 맞설 줄 알았던 선비였어요.

최익현 도끼를 들고 광화문에 간 선비

왜 백성은 염려하지 않으십니까

"아니, 최익현 대감이 왜 또 무릎을 꿇고 있습니까?"
"글쎄요. 또 직언(왕이나 윗사람에게 옳지 못한 일을 고치도록 올리는 바른 말)을 올리시려는 게 아닐까요?"
"흥선 대원군께서 요즘 기분이 영 안 좋으신 것 같던데……."
편전으로 들어오던 조정의 관리들이 걸음을 멈추고 서로 눈치를 살피며 수군거렸어요. 흥선 대원군은 조선의 스물여섯 번째 왕인 고종의 아버지로 고종이 어린 나이에 왕위에 오르자 아들을 대신해 나라를 다스렸던 인물이에요.
잠시 후 고종이 흥선 대원군과 함께 편전으로 들어오자 모두들 자리에서 일어나 예를 갖추었어요. 그러나 최익현은 여전히 차가운 바닥에 무릎을 꿇고 머리를 조아린 채 일어나지 않았습니다.
"전하, 아뢸 말씀이 있사옵니다."
"말해 보시오."
고종이 자리에 앉자 최익현이 간곡한 목소리로 말하기 시작했어요.
"얼마 전 대원군께서 경복궁 공사를 시작하셨습니다. 그 탓에 백성의 고통이 이만저만이 아닙니다. 흉년이 들어서 먹고 살기도 어려운데, 억지로 공사에 동원되어 농사를 지을 시간도 없습니다. 게다가 당백전(조선 말 경복궁을 고쳐 짓기 위한 돈을 마련하기 위해 만든 화폐)을 발행하는 바람에

경제가 혼란에 빠졌습니다. 그런데도 대원군께서는 백성들을 강제로 모아 궁궐 공사장에서 일을 시키고 있습니다. 지금 나라가 혼란스러운 것은 대원군의 책임이 크다고 생각합니다."
"그, 그야! 땅에 떨어진 왕의 권위와 힘을 키우고자 함이 아니더냐!"
흥선 대원군이 자리에서 벌떡 일어나며 소리쳤어요.
"대원군께서는 왜 왕권만 염려하시고, 백성은 염려하지 않으십니까? 부디 백성을 먼저 생각하시옵소서!"
"네 이놈! 어찌 말을 그리 함부로 하는 게냐?"
흥선 대원군이 버럭 화를 냈지만 최익현은 조금도 굴하지 않았어요.
"신이 말을 함부로 하는 것이 아니라 조정의 관리들이 바른말을 하지 않는 것입니다. 참된 신하는 왕의 잘못을 지적하여 나라가 올바로 서도록 해야 합니다."
"시끄럽다!"
흥선 대원군의 얼굴이 붉으락푸르락해지자 옆에 있던 고종이 나섰어요.
"아버님, 신하된 도리를 다하려는 것이니 용서하시지요. 예로부터 조선의 선비들은 왕에게 직언을 올려 왕이 올바르게 나라를 다스릴 수 있도록 했습니다. 그 전통을 어찌 가벼이 여길 수 있겠습니까?"
"흠흠, 주상이 그렇게까지 말씀하신다면……."
고종이 최익현의 편을 들며 말하자, 신하들 앞에서 고종의 체면을 깎아내릴 수 없었던 흥선 대원군은 한발 물러섰습니다. 그리고 며칠 뒤 고종은 최익현을 칭찬하며 높은 벼슬을 내렸어요. 하지만 최익현은 곧바로 상소를 올려 이를 받아들이지 않겠다는 뜻을 밝혔지요.

전하! 신은 지금과 같은 조정에서 벼슬을 할 수 없습니다. 지금 조선의 백성들은 혹독한 세금 때문에 굶주리고 있습니다. 그런데도 조정의 관리들은 사사로이 자신의 이익만 생각하고 있습니다. 부끄러움을 모르는 자들이 권력을 잡고 있는 조정은 이미 썩을 대로 썩었습니다. 부디 전하께서는 맑은 눈으로 주위를 살피시어 간신들의 말에 흔들리지 마시옵소서.

"우리가 사사로운 이익만 생각한다고? 정말 하늘 높은 줄 모르고 건방을 떠는구나."
"최익현, 어디 두고 보자! 가만두지 않겠다."
최익현의 상소 내용이 알려지자 흥선 대원군에게 갖은 아부를 하며 바듯이 권력을 잡고 있던 몇몇 관리들은 이를 바득바득 갈았어요. 그런데 얼마 뒤, 최익현이 또다시 고종에게 상소를 올렸다는 사실이 알려졌습니다.
"이번엔 또 무슨 상소랍니까?"
"흥선 대원군을 자리에서 물러나게 해야 한다는 상소랍니다."
"뭐요? 이, 이런 건방진! 이러고 있을 것이 아니라 우리가 직접 그

해괴망측한 내용의 상소를 확인해 봅시다!"

전하! 나라가 혼란에 빠졌습니다. 그리고 그 피해는 백성들에게까지 미쳤사옵니다. 대원군께서는 이제 자리에서 물러나셔야 합니다. 부디 이제부터는 전하께서 직접 나라를 다스리시옵소서.

최익현이 올린 상소 내용을 본 관리들은 얼굴이 붉어졌어요.
"감히 이런 상소를 올리다니! 이 자가 지금 간이 부어도 유분수지."
"누가 아니랍니까? 최익현을 당장 잡아들여야 합니다."
결국 최익현은 한동안 의금부(조선 시대에 왕의 명령에 따라 죄인을 벌하는 일을 맡아 하던 관아)에서 옥살이를 하게 되었습니다. 하지만 옥살이 중에도 최익현의 간곡한 상소는 계속되었지요.
그 당시 조선은 흥선 대원군의 손아귀에 있었어요. 그래서 최익현처럼 흥선 대원군을 향해 비판을 하는 선비들은 벼슬자리에서 쫓겨나거나 귀양을 가는 경우가 많았답니다. 심하면 목숨을 잃는 경우도 있었어요. 하지만 최익현은 나라를 위해서라면 목숨을 내놓고라도 올바른 소리를 해야 한다고 생각했지요. 결국 최익현의 끊임없는 직언은 흥선대원군을 조정에서 물러나게 하는 계기가 되었습니다.

도끼를 들고 광화문 앞에 꿇어앉다

1876년 조선은 일본과 '강화도 조약'을 맺었어요. 강화도 조약은 일본의 강압에 의해 맺어진 불평등 조약으로 조선의 항구를 일본에게 개항하는 내용을 담고 있어요. 이 조약이 맺어질 당시 최익현은 옥살이를 끝내고 한양의 외곽 지역에서 지내고 있었습니다.

"이보게! 안에 계시는가?"

평소 최익현과 가깝게 지내던 친구가 다급하게 최익현을 찾아왔어요.

"무슨 일인데 그러시나?"

"큰일 났네. 조정에서 일본과 조약을 맺으려고 한다네."

"뭐야? 결국 일이 그렇게 되었단 말인가?"

최익현은 자리에서 벌떡 일어나며 외쳤어요.

"조선은 힘이 없는데다가, 이 조약이 얼마나 불평등한지 바르게 생각하고 왕에게 옳은 말을 하는 신하가 없는 것이 현실이라네."

최익현의 친구가 침울한 목소리로 대답했습니다.

"일본과 조약을 맺는 건 늑대의 입에 고기를 물려 주는 것과 다를 바 없는 일이야. 일단 조약을 맺고 나면 일본은 점점 더 많은 것을 요구할 걸세. 아, 조선의 앞날이 바람 앞의 등불이로구나."

최익현은 긴 한숨을 내쉬더니 곧바로 광으로 달려가 도끼를 꺼내 들었어요.

"자네, 지금 뭐하는 것인가?"
"보면 모르겠나? 전하께 조약의 불평등을 알려야 하지 않겠나!"
"그런데 도끼는 왜?"
"전하께서 잘못된 길로 계속 가고자 하신다면 차라리 도끼로 내 목을 쳐 달라고 청할 걸세."
"이, 이보게. 하나밖에 없는 목숨을 가지고 어찌 이러시나?"
"선비가 목숨이 아까워 바른 소리를 하지 않는다면 어찌 참 선비라 할 수 있겠는가? 말리지 말게. 나는 전하께 꼭 내 뜻을 전해야겠네."
때는 매서운 바람이 쌩쌩 부는 한겨울이었어요. 최익현은 살을 에는 추위에도 굴하지 않고 광화문(경복궁의 정문) 앞에 무릎을 꿇고 앉았습니다.
"이러다 얼어 죽겠네. 얼른 일어나시게."
뒤따라온 친구가 말렸지만 최익현은 자리에서 꼼짝도 하지 않았어요. 그리고 거침없이 상소문을 써 내려가기 시작했습니다.

> 전하, 일본과 조약을 맺으면 절대 아니 되옵니다. 그것은 곧 나라를 파는 것이요, 짐승을 이 나라에 끌어들여서 백성들을 잡아먹게 하는 것입니다. 이 조약을 받아들인다면 왜적이 조선의 쌀을 약탈하여 조선의 백성들은 가난에 시달릴 것입니다. 부디 조약을 체결하자고 주장하는 자들을 국법으로 처형하여 주시옵소서!

마침내 최익현이 한 관리에게 상소문을 건네며 말했습니다.

"지금 당장 전하께 전해 주시오."

상소문을 전해 받은 고종은 난처한 표정을 지었어요.

"또 최익현의 상소로구나. 이번엔 무슨 말을 하려고……."

당시 조선은 나라 안팎으로 매우 복잡한 시기였고, 고종은 힘이 없었어요. 그래서 고종 또한 최익현의 말이 옳다는 것은 알고 있었지만 어찌할 방법이 없었지요.

"전하, 최익현에게 벌을 주어야 합니다."

"벌을 주라니? 그가 무슨 죄를 지었다고?"

고종은 최익현에게 아무 죄도 없다는 것을 잘 알고 있었어요. 하지만 조정에는 최익현에게 앙심을 품고 있는 관리들이 많았고 이들은 이 기회를 놓치지 않았답니다.

"전하, 그는 왕의 판단을 간섭하지 않았사옵니까? 신하가 어찌 왕의 뜻을 거스를 수 있습니까? 반드시 죄를 물어야 합니다."

관리들은 최익현에게 벌을 주어야 한다고 끝까지 주장했지요. 결국 최익현은 다시 의금부에 갇히는 신세가 되고 말았습니다.

평소 최익현을 존경하던 의금부 관리가 곤혹스러운 표정으로 말했어요.

"왜 자꾸 전하를 괴롭히십니까? 잠시 못 본 척 눈을 감고 계시면 이런 고초를 안 당하실 텐데요. 존경하는 분을 제 손으로 감옥에 가두어야 하다니, 정말 못할 일입니다."

그 말을 들은 최익현은 껄껄껄 웃으며 말했습니다.
"이보게! 나는 선비의 도리를 다하는 것뿐일세. 잘못된 일을 보고도 못 본 척하는 사람은 선비가 아니야. 자네는 자네가 할 일을 하면 되네. 뭘 그리 곤욕스러워하시는가? 어서 나를 묶게나."
이후 최익현은 왕의 귀를 흐리는 간사한 관리들의 모함 때문에 멀리 흑산도에서 삼 년 동안 귀양살이를 하게 되었습니다. 그리고 결국 일본은 조선의 정사에 관여하기 시작했어요.

일본 땅은 절대 밟지 않겠다

강화도 조약을 맺은 후 일본은 조선을 자기네 식민지로 만들려는 야심을 드러냈어요. 이에 고종은 나라 이름을 '대한 제국'이라 바꾸고, 이를 견제하려고 했지요. 최익현과 같은 선비들도 나라를 지키기 위해 많은 노력을 펼쳤습니다. 그러나 일부 관리들은 일본의 편에 서서 대한 제국의 식민지화에 앞장섰답니다. 일본은 대한 제국과 외교 관계를 맺고 있는 강대국들에게 자신들이 대한 제국을 식민지로 삼는 것에 반대하지 않겠다는 약속을 받는데 총력을 집중했지요.
결국 일본이 대한 제국의 외교권을 빼앗는 내용이 담긴 '을사조약'이 체결되면서, 대한 제국은 일본의 식민지가 되고 말았습니다.
최익현은 고종의 동의 없이 대한 제국의 대표 자격으로 조약에 서명한

다섯 명의 역적을 처단해야 한다는 내용의 상소를 써서 올렸어요.

나라를 팔아먹은 이완용 등 다섯 명의 역적은 만 번을 죽여도 오히려 죄가 남을 것입니다. 다섯 역적의 머리를 베어 나라를 팔아먹은 죄를 밝히고, 문서를 없애셔야 합니다.

그리고 곧바로 나라를 되찾기 위해 의병(외적의 침입을 막기 위해 백성들이 자발적으로 조직한 군대)을 일으켰습니다. 이때 그의 나이는 74세였지요. 최익현을 대장으로 하여 뭉친 의병은 정읍, 순창, 곡성 등을 중심으로 크게 활약했어요. 그러자 이미 일본의 손아귀에 놓인 조정에서는 군대를 보내 의병을 무력으로 응징하려 했습니다. 군인들과 총칼을 마주하게 된 최익현은 의병들을 향해 외쳤어요.
"모두 해산하라!"
최익현의 말에 의병들은 깜짝 놀라 물었어요.
"갑자기 왜 그런 명령을 내리십니까?"
"지금 우리가 맞서려는 자들은 일본 군인들이 아니라 우리의 동포다. 동포끼리 싸우느니 차라리 내가 저들의 포로가 되는 게 더 낫다."
의병들에게 마지막 명령을 내린 최익현은 당당하게 군인들 앞에 나섰어요.
"뭣들 하느냐! 여기 최익현이 있느니라. 너희가 나를 잡고자 한다면 당장 총격을 멈추어라. 동포끼리 서로 죽이는 짓은 하지 마라!"
결국 최익현은 군인들에게 체포되었고, 의병들은 모두 눈물을 머금고 해산할 수밖에 없었습니다.
의병이 해산되고 의병장이었던 최익현을 잡아들이는데 성공하였지만, 여전히 최익현의 존재는 일본에게 골칫덩이였어요.
"최익현을 따르는 선비들이 떼를 지어 몰려오면 어쩌지요?"
"차라리 최익현을 일본 땅으로 옮기면 어떨까요?"
며칠 뒤 최익현은 강제로 일본의 섬 대마도로 끌려가게 되었어요.
최익현이 대마도로 향하는 배를 타기 위해 부산에 도착했을 때였어요.
최익현은 흙을 한 줌 집어 버선 밑바닥에 깔았어요.
"지금 무엇하시는 겁니까?"
함께 간 관리가 묻자 최익현이 대답했어요.
"내 나라의 흙을 이렇게 깔아 놓으면 일본 땅을 밟지 않아도 되니 얼마나 좋은가."
대마도 감옥에 갇혀서도 최익현의 나라를 향한 마음은 여전했어요. 그는 일본인이 주는 물과 음식에는 입도 대지 않았습니다.
"나는 조선의 선비다. 내 나라를 빼앗고 조선인을 짓밟은 일본인들이 주는 음식을 먹는 것은 수치스러운 일이다."
그리고 최익현은 감옥에서 죽어 가는 마지막 순간까지 고종에게 상소를 올렸답니다.

전하! 신, 최익현이 일본 대마도 감옥 안에서 전하가 계신 쪽을 향해 머리를 조아린 뒤 상소를 올립니다. 신은 이제 곧 죽을 것이옵니다. 마지막으로 바라옵건대 전하께서는 나랏일이 모두 잘못되었다 생각하지 마시고, 절대 포기하지 마십시오. 아첨하는 자의 말을 달게 듣지 마시고, 믿어서는 아니 될 것을 믿지 마시고, 참으면 아니 될 것을 참지 마십시오. 그리고 언젠가는 꼭 나라를 되찾겠다는 마음을 품으시옵소서.

최익현은 결국 대마도의 감옥에서 굶어 죽고 말았어요. 조선의 백성들은 진정 나라를 위하는 마음으로 죽음을 앞둔 마지막 순간까지 왕에게 바른 말하는 것을 멈추지 않은 최익현의 충심에 깊은 감동을 받았습니다. 그리고 그의 죽음을 진심으로 슬퍼했지요. 최익현이 죽고 난 뒤 그의 시신이 안치된 관은 그가 그토록 사랑했던 고국으로 옮겨졌어요. 묘지가 마련된 충청도까지 관을 옮기는 데 수많은 백성들이 몰려들어 울부짖느라 하루에 십 리밖에 나아가지 못했다고 합니다.
이 소식을 전해 들은 일본의 정치가 이토 히로부미도 "백만 조선 민중보다 최익현 한 사람이 더 두렵구나! 최익현 같은 선비가 몇 사람만 더 있었으면 조선은 나라를 잃어버리지 않았을 것이다."라고 말했대요. 이토 히로부미는 일본이 대한 제국을 침략하는 일을 주도한 인물이었지요.

최익현 도끼를 들고 광화문에 간 선비

어떠한 상황에서도 끝까지 나라를 생각하고 백성을 생각하며 곧고 바른 뜻을 굽히지 않았던 최익현. 그의 정신을 본보기 삼아 많은 사람들이 독립운동을 펼친 끝에 우리는 결국 광복을 맞이할 수 있었답니다.

우리가 본받아야 할 선비 정신

서슴지 않고 바른 말을 하는 마음가짐

공자는 아첨하는 자들은 진정한 선비가 아니라고 말했어요. 진정한 선비는 끊임없이 왕에게 바른 말을 해 왕이 잘못된 길로 가지 않게 바로잡는 역할을 해야 한다고 강조했지요. 또한 왕이 잘못된 길로 가고 있다면 목숨을 걸고라도 이를 막아야 한다고 했답니다. 선비들의 이런 노력이 왕이 잘못을 뉘우치게 하고, 잘못된 정책을 바로잡을 수 있도록 도와주어 결국 백성들의 삶이 나아지게 된다는 것이었어요.

하지만 왕이 절대 권력을 갖고 있던 조선 시대에 신하가 왕에게 바른 말을 한다는 것은 말처럼 쉬운 일이 아니었어요. 왕이 그 뜻을 받아들이면 다행이지만, 그렇지 않을 경우에는 목숨을 잃을 수도 있었거든요.

그러나 최익현은 왕의 잘못을 절대 못 본 척하지 않았어요. 목숨을 걸고 왕을 올바른 길로 이끌기 위해 노력했어요. 만약 최익현이 자신의 사사로운 이득이나 출세만을 바랐다면 절대 있을 수 없는 일이었겠지요. 이는 최익현이 나라와 백성을 먼저 생각하는 진정한 선비였기에 가능한 일이었답니다.

선비와 함께 역사 알기

◆ 조선은 왜 일본과 강화도 조약을 맺었을까?

　1875년 강화도 초지진 앞바다에 일본 군함이 나타났어요. 초지진을 지키고 있던 군사들은 낯선 배가 다가오자 대포를 쏘며 경계했어요. 일본은 이 사건을 문제 삼아 조선이 일본과 조약을 맺는다면 이번 일은 없던 걸로 하겠지만 그렇지 않는다면 조선을 공격하겠다고 협박했지요. 1876년 조선은 할 수 없이 일본과 '강화도 조약'을 맺었어요. 강화도 조약은 조선의 항구를 개항하겠다는 내용으로 일본에게만 유리한 조건들로 이루어진 불평등 조약이었어요.

◆ 나라를 팔아먹은 역적, 을사오적

　을사조약은 대한 제국의 외교 문제를 일본이 대신 맡아보겠다는 내용을 담고 있어요. 외교권을 잃어버리면 독립 국가라고 할 수 없으므로 고종은 이 말도 안 되는 조약에 끝까지 동의하지 않았어요. 그러자 이완용, 박제순, 이지용, 이근택, 권중현이 나서서 고종 대신 조약서에 서명을 했어요. 이들을 가리켜 '을사년에 나라를 팔아먹은 민족의 적'이라는 뜻으로 '을사오적'이라고 한답니다.

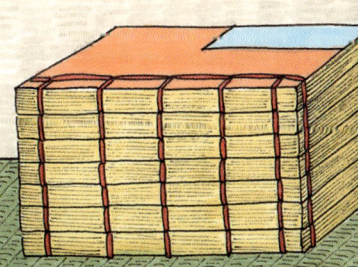

백인걸
금강산 산골짜기로 숨어 버린 선비

선비 백인걸

백인걸(1497~1597)은 조선 중기 때 선비로 호는 휴암이에요. 백인걸은 충분히 높은 벼슬에 오를 만큼 학문이 뛰어났어요. 하지만 출세를 위해서 신의를 버리고 남과 타협하는 일은 결코 하지 않아, 늦은 나이에 벼슬길에 올랐답니다. 그 당시 조정은 두 당파로 나뉘어 서로 권력 싸움을 하느라 정신이 없었어요. 백인걸은 벼슬에 올라서도 이를 비판하는 바른 말을 하는 바람에 귀양살이를 거듭해야 했답니다.

백인걸 금강산 산골짜기로 숨어 버린 선비

스승을 잃고 한양을 떠나다

백인걸은 어려서 아버지를 여의고 어머니와 단둘이 살았어요. 어릴 때부터 공부하는 것을 좋아해서 학문을 익히는 일을 게을리하지 않았지요.

"얘야, 이제 공부는 그만 하고 잠자리에 들어야지."
호롱불 밑에서 바느질을 하던 어머니가 어린 백인걸에게 말했어요.
"아닙니다. 어머니께서 일하고 계시는데 제가 어찌 먼저 잠자리에 들겠습니까?"
"원 녀석, 고집은……."

이처럼 백인걸은 효심이 무척 깊은 아이였어요. 백인걸의 어머니는 못 이기는 척 자리에 누웠습니다. 자신이 잠을 청하지 않으면 아들 또한 잠자리에 들지 않을 것을 잘 알았으니까요.

"어머니, 불을 끌까요?"
"아니다. 나는 불을 켜 놓아야 잠이 잘 오는구나. 얼른 자거라."
백인걸의 어머니는 아들이 잠들자 몰래 일어나서 바느질을 시작했습니다. 그러고는 밤이 새도록 일을 했지요.

다음날 아침 백인걸의 어머니는 조용히 아들을 부른 뒤, 그동안 어렵게 모은 돈을 내놓으며 말했습니다.

"얘야, 이제 너도 과거를 보고 벼슬길에 올라야 하지 않겠느냐? 이 돈을 가지고 스승을 찾아보거라."
"어머니께서 어렵게 버신 돈을 제가 어찌 함부로 쓸 수 있겠습니까? 저는 고향에 머물며 어머니 곁을 지키겠습니다."
"내 걱정은 하지 말고 떠나거라. 이 어미의 소원은 네가 돌아가신 아버지의 뜻을 이어받아 훌륭한 선비가 되는 것이란다."
백인걸의 아버지 백익견은 학식과 성품이 높은 훌륭한 학자이자 존경받는 선비였어요. 하지만 탐욕이 없고, 늘 검소하게 생활한 탓에 집안은 몹시 가난했지요. 그래서 백인걸의 어머니는 생계를 유지하기 위해 밤낮으로 일을 해야 했어요.
백인걸은 자신만 바라보며 홀로 고생하는 어머니의 간곡한 부탁을 따르지 않을 수가 없었어요. 이튿날 백인걸은 어머니에게 절을 올린 뒤 당대 최고의 선비이자 학자인 조광조를 찾아갔습니다.
조광조는 매우 훌륭한 스승이었어요. 학식이 뛰어난 것은 물론이고 옳지 못한 일에는 결코 타협하지 않는 곧은 선비였지요. 백인걸은 그런 스승을 존경하며 스승을 본받아 훌륭한 선비가 되기 위해 열심히 공부했습니다.
그런데 백인걸이 스물두 살 되던 해 큰일이 벌어졌어요.
"이보게, 백인걸! 우리 스승님께서 귀양을……, 흑흑."
백인걸과 함께 조광조 밑에서 공부하던 친구가 헐레벌떡 뛰어와 울먹이며 말했어요.

"뭐라고? 아니, 우리 스승님이 무슨 잘못을 하셨다고?"

"잘못된 정치를 바로잡으려 하시다가 왕에게 아첨을 일삼는 자들의 모략에 빠지신 게지. 우리 스승님처럼 꼿꼿하게 바른 말만 해서는 살아남을 수 없는 세상인가 보네. 자네도 이제 과거를 보고 벼슬길에 오를 텐데 적당히 아부하며 살게."

친구가 씁쓸한 목소리로 이야기하자 백인걸은 고개를 저었어요.

"이런 세상에서 벼슬은 해서 무엇하겠나······."

그리고 얼마 뒤 조광조가 귀양지에서 사약을 받고 죽자, 백인걸은 큰 슬픔과 충격에 빠졌습니다.

그는 결국 세상을 등질 결심을 하고 한양을 떠나 금강산 깊은 산골짜기로 들어가고 말았지요. 백인걸은 이십 년 가까이 금강산에서 지내다가 늙은 어머니의 간곡한 청에 못이겨 한양으로 돌아와 과거를 보았다고 해요.

조선 시대에 과거에 급제한다는 것은 가문의 영광이자 탄탄한 출셋길을 보장 받는 일이었어요. 그리고 백인걸은 충분히 과거에 급제하고도 남을 학식을 갖추었지요. 하지만 그는 자신의 이익을 위해 아첨을 일삼는 간신들이 들끓는 조정의 모습에 크게 실망하고 말았어요. 또한 자신의 스승과 같은 충신이 억울한 죽음을 맞이했다는 사실도 결코 받아들일 수 없었답니다.

이미 나라를 위해서 바친 몸

백인걸에게는 어렸을 때부터 함께 공부한 허자라는 친구가 있었어요. 허자는 스무 살에 과거에 급제해 벼슬에 올라 늘 권세를 쥐고 넉넉하게 살았어요. 그는 백인걸과 달리 세상의 이치에 매우 밝은 인물이었어요. 어떻게 해야 자신에게 이익이 돌아오는지도 잘 알고 있었고요.

반면 자기 자신을 위해 사사로이 이익을 탐할 줄 몰랐던 백인걸은 툭 하면 바른 말을 하다가 귀양길에 오르고는 했어요. 그래서 늘 변변치 않은 벼슬을 전전했고, 늘 가난에 허덕였지요. 두 사람은 이렇게 서로 달랐지만 어린 시절부터 우정을 나누었던 탓에 매우 가깝게 지냈답니다.

어느 날 허자가 하인을 불러 일렀어요.
"이 과일을 백인걸에게 전해 주고 오너라."
"이건 제주도에서만 나는 귤이 아닙니까?"
"귀한 과일이니 조심해서 가져가거라. 아참, 쌀과 땔감도 함께 전하고 오너라."

"분부하신 대로 하는 것은 어렵지 않사오나 백인걸 나리께서 그냥 받으시려 할까요?"

"내가 보냈다고 하면 받을 테니 걱정하지 말고 다녀오게. 혹여나 받지 않겠다고 해도 꼭 전하고 와야 하네."

"네, 알겠습니다."

하인은 허자가 보내는 선물들을 잔뜩 가지고 백인걸의 집에 갔습니다.

"계십니까?"

"오, 자네는 허자의 하인이 아닌가?"

백인걸이 직접 하인을 맞이했습니다.

그래, 무슨 일인가? 허자에게 무슨 일이라도 생겼는가?"

"저희 집 나리께서 선물을 보내셔서……."

하인은 백인걸의 눈치를 살피며 말끝을 흐렸어요. 백인걸의 꼿꼿한 성품을 잘 알고 있었던 하인은 백인걸이 허자의 성의를 단호하게 내칠 것 같아 걱정이 되었답니다.

그런데 백인걸은 뜻밖에도 "허허, 허자가 내가 굶고 있진 않을까 걱정이 되었나 보군. 다른 사람이 주는 건 절대 못 받아도 허자의 마음은 고맙게 받아야지."라며 웃는 얼굴로 물건을 받아 드는 게 아니겠어요? 백인걸은 자신이 선물을 받지 않으면 크게 실망할 허자의 마음을 헤아렸던 것이지요. 그만큼 두 사람은 그만큼 허물이 없고 서로를 아끼는 사이였답니다.

그러던 어느 날 밤이었습니다. 허자가 백인걸의 집에 찾아왔습니다.

"이보게, 인걸이. 자네에게 부탁이 있어서 왔네."

"허허, 무슨 일인데 이 늦은 밤에 여기까지 온겐가?"

"내일 조정에서 큰일이 벌어질 것이야."

허자가 목소리를 낮추어 속삭였어요.

당시 조선은 인종이 죽고 명종이 열두 살의 어린 나이에 조선의 열세 번째 왕으로 갓 즉위해 매우 혼란스러운 시기였어요. 어린 왕이 나라를 다스리기란 결코 쉬운 일이 아니었지요. 그래서 어린 명종을 대신해 명종의 어머니 문정 왕후가 절대적인 권력을 갖고 나라를 다스렸고, 문정 왕후의 동생이자 명종의 외숙부인 윤원형도 권력을 손에 쥐고 조정을 제 마음대로 주물러 댔지요.

백인걸은 그런 윤원형이 매우 못마땅했어요. 하지만 허자는 조정의 실세였던 윤원형의 편에 서서 매우 가깝게 지내고 있었습니다.

"왕후 마마와 윤 대감께서 내일 돌아가신 선왕을 따르는 모든 선비들을 귀양 보내거나 크게 벌하신다고 하네. 이번에 또 바른 소리를 해서 두 분의 심기를 거스르면 자네는 아마 귀양을 가는 데 그치지 않을 거야. 죽을 수도 있어. 부디 이번엔 내 말을 좀 듣게. 자네가 화를 당하면 나에게도 불똥이 튈 걸세. 이보게 친구, 높은 사람에게 잘 보이면 얼마나 좋은가? 언제까지 끼니 걱정을 하며 살 거야? 적당히 구부러질 줄도

백인걸 금강산 산골짜기로 숨어 버린 선비

알아야지."
백인걸은 아무 말도 없었어요.
"늘 자네 걱정뿐이신 늙은 어머니를 생각하게. 혹여나 자네가 목숨이라도 잃게 되면 늙으신 자네 어머니를 누가 모시겠는가?"
허자는 백인걸의 마음을 돌리기 위해 어머니 이야기까지 꺼냈습니다. 지극한 효자였던 백인걸의 눈앞에 새벽까지 바느질을 하던 어머니의 모습이 아른거렸어요.
그러나 백인걸은 이내 고개를 저으며 딱 잘라 대답했어요.
"친구와 어머니를 생각한다는 핑계로 바르지 못한 일에 타협할 수는 없네. 제 아무리 하늘의 뜻이라 해도 그 길이 옳지 못하면 가지 않겠어!"
허자는 말문이 막혀 한동안 말을 잇지 못했어요.
"자네 죽을지도 모른다니까. 나 또한 이 일이 옳지 못하다는 걸 안다네. 하지만 대세를 따르면 앞날이 편하지 않은가?"
허자가 백인걸의 손을 잡고 눈물을 흘리며 말했어요. 하지만 결국 허자는 백인걸의 마음을 돌릴 수 없었답니다.
그리고 다음 날 을사사화가 일어났어요. 을사사화는 문정 왕후와 윤원형이 주축이 되어, 죽은 인종을 따랐던 선비들을 죽이거나 귀양 보낸 사건이에요. 많은 사림들이 부당하고 억울하게 죽어 갔지만 그 누구도 행여나 자신에게 해가 될까 입도 뻥긋하지 못하고 몸을 사렸어요. 하지만 백인걸은 문정 왕후를 찾아가 간곡하게 청했지요.

"부디 나라를 생각하시어 명을 거두어 주십시오. 제발 죄 없는 선비들을 죽음으로 몰지 마십시오."

문정 왕후는 자신을 따르지 않는 백인걸이 눈엣가시였어요. 결국 문정 왕후와 윤원형의 미움을 단단히 산 백인걸은 벼슬에서 쫓겨나 귀양을 가게 되었답니다.

백유양에게 먼저 죄를 물으십시오

백인걸은 문정 왕후가 죽고 난 뒤에야 겨우 벼슬길에 다시 올라 일흔이 다 된 나이에 '교리'가 되었어요.

교리는 외교 문서 등 국가의 가장 중요한 문서를 다루는 벼슬로, 그리 품계가 높은 벼슬은 아니었지요. 하지만 아무리 권세가 높은 가문의 양반이라도 학식이 높지 않으면 절대 교리가 될 수 없었기 때문에 조선의 선비들은 교리 자리를 명예롭게 생각했어요.

백인걸이 교리 일을 시작한 지 얼마 되지 않았을 때 일이에요. 백인걸이 궁에 들어서자마자 평소에 가까이 지내던 관리가 헐레벌떡 달려왔어요.

"왜 그러시나?"

"모반(왕을 배반하고 왕의 권력을 빼앗으려고 함) 사건이 터졌네."

"뭣이라, 모반 사건? 그래 그 역적들은 어찌 되었나?"

백인걸은 근심스러운 표정으로 물었어요.

백인걸 금강산 산골짜기로 숨어 버린 선비

"의금부에서 모반 사건을 일으킨 역적들을 모두 잡아들였네."
"휴우, 그것 참 다행이군."
"그, 그런데 그게 말일세."
관리가 말을 잇지 못하고 망설이자 백인걸이 재촉했어요.
"왜 그러시나? 무슨 다른 일이라도 있는 것인가?"
"잡아들인 역적 중에 자네 조카 백유양이 끼어 있네."
백인걸은 꼿꼿한 선비였지만 누구보다도 정이 깊은 사람이었어요. 특히 백유양은 어려서부터 그가 가장 아끼고 예뻐하는 조카였지요. 백유양의 어렸을 적 모습이 떠오르자 백인걸은 눈을 질끈 감아 버렸습니다.
"조정에서 이 문제로 오늘 회의를 한다고 하네."
"알겠네. 미리 알려 주어서 고맙네."
"부디 마음 단단히 먹게."
회의 장소를 향하는 백인걸의 마음에 무거운 돌 하나가 놓여 있는 것 같았습니다.
"이번에 모반을 일으킨 역적들에 대한 처분을 어찌하면 좋겠소?"
회의가 시작되고 왕이 말문을 열자 모두들 백인걸의 눈치를 살폈어요. 그러자 백인걸이 먼저 입을 열었습니다.
"전하, 마땅히 엄히 죄를 물어야 한다고 생각합니다."
"흠, 그중에는 자네 조카 백유양도 있다는 것을 아는가?"
"예, 전하. 알고 있습니다. 백유양부터 먼저 죄를 물으시옵소서."

"그것이 진심이더냐?"

왕은 백인걸이 조카인 백유양만은 살려 달라고 간청할 줄 알았어요. 그런데 백유양부터 먼저 죄를 물으라니 놀랄 수밖에 없었지요.

"전하, 어찌 사사로운 정 때문에 선비의 도리를 저버리고, 나라에 충심을 저버린 자를 두둔하겠습니까? 부디 백유양에게 먼저 죄를 물으시어 나라의 기강을 바로 세우시옵소서!"

회의에 참석한 관리들은 모두 한 치의 흔들림도 없는 백인걸의 꼿꼿함과 충심에 고개를 숙였어요. 백인걸은 조카를 죽음으로 내몬 이때의 일로 평생을 가슴 아파했다고 해요. 하지만 나라의 기강을 바로잡기 위해 한 일이었기 때문에 절대 후회하지는 않았다고 합니다.

우리가 본받아야 할 선비 정신

바른 길을 고집하는 마음가짐

공자는 선비는 반드시 대의를 밝히고 이를 고집해야 한다고 말했어요. 여기서 대의란 도덕을 바탕으로 한 바른 길을 말해요. 선비들은 부모님께 효도하며 살기, 신하로서 충실하게 직무를 다하기, 검소하고 청렴하게 살기 등 공자의 가르침을 마음에 새기고, 자신의 대의로 삼았답니다.

백인걸은 그 누구보다 자신의 대의를 지키기 위해 노력한 선비였어요. 그는 눈앞의 이익 때문에 나쁜 행동을 눈감아 주지 않았고, 더 출세하기 위해 공정하지 못한 행동을 하는 일도 없었지요. 백인걸은 비록 자신의 이익을 먼저 생각하는 간신들의 모함에 빠져 귀양길에 오르는 일이 많았고, 가난하게 살았지만 나의 이익보다는 나라를 위한 길이 무엇인지 먼저 생각하고 걱정했지요. 그는 평생을 공자의 가르침에 따라 어떤 유혹에도 흔들리지 않고 자신이 생각하는 바른 길만을 꼿꼿하게 고집한 선비였답니다.

선비와 함께 역사 알기

◆ 교리는 어떤 일을 했을까?

교리는 조선 시대에 집현전, 홍문관, 승문원, 교서관 등의 관청에 속해 글과 글씨에 관한 일을 맡아 보던 문과 벼슬이에요. 집현전과 홍문관의 교리는 정5품, 승문원과 교서관 교리는 종5품으로 교리의 품직은 그리 높지 않았어요. 교리는 속한 관청에 따라 업무도 달랐어요. 승문원의 교리는 외교 문서를 쓰고 검토하는 일을 했고, 교서관의 교리는 책을 만드는 일과 책의 글을 옮겨 적는 일 등을 했답니다. 집현전과, 집현전이 없어진 후 그 기능을 이어받은 홍문관에서 일한 교리들은 책과 문서를 관리하고, 왕이 옳지 못하거나 잘못된 일을 고칠 수 있도록 바른 말을 올리는 일도 했지요.

◆ 조선 시대 관리는 어떻게 뽑았을까?

조선 시대에는 과거에 급제해야 관리가 될 수 있었어요. 과거는 크게 문과, 무과, 잡과로 나뉘었는데, 문과는 글이나 학문적 소양을 주로 보았어요. 문과에 급제하면 문관이 되어 정치에 나아갈 수 있었어요. 또 무과는 군인을, 잡과는 요즘으로 치면 통역사, 의사, 기술자 등 전문직을 뽑는 시험이었지요.

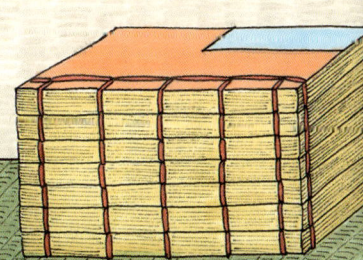

황희
자식 앞에 무릎을 꿇은 선비

선비 황희

황희(1363~1452)는 조선을 건국한 태조부터 조선의 네 번째 왕 세종까지 모두 네 명의 왕을 보필한 조선의 대표 선비예요. 황희는 벼슬을 지내는 동안 새로운 농사법을 개발하고, 왜구의 침입에 대비하는 등 다양한 방면에서 백성을 위한 정치를 펼쳤습니다. 그는 백성의 삶을 우선으로 생각한 너그럽고 현명한 정치를 펼쳐 백성들의 사랑은 물론 왕들의 신임까지 듬뿍 받았다고 해요. 세종 때에는 조선 시대 최고의 벼슬인 영의정을 18년 동안이나 지냈답니다.

황희 자식 앞에 무릎을 꿇은 선비

그 말도 옳고, 이 말도 옳구나!

태조는 조선을 건국하면서 불교를 멀리하고 유교를 나라의 통치 이념으로 삼았어요. 그런데 조선의 네 번째 왕 세종은 선왕의 제사를 지내기 위해 궁궐 안에 불당을 지으려고 했답니다. 유교의 나라에서, 그것도 나라의 상징인 궁궐 안에 부처를 모시는 불당을 짓는다고 하니 유생(유학을 공부하는 선비)들이 가만히 있을 리 없었지요. 아니나 다를까 이 소식을 접한 유생들은 펄쩍 뛰며 크게 반발했어요.

심지어 세종과 함께 한글을 연구하던 집현전 학자들까지 궁궐에 불당을 세우겠다는 계획을 취소하기 전까지는 절대 궁궐에 들지 않겠다며 시위를 했어요.

일이 커지자 세종은 황희를 불러 눈물을 보이며 하소연했습니다.

"황희 대감, 집현전 학자들까지 나를 버렸으니 이를 어찌하면 좋겠소?"

"너무 걱정하지 마십시오. 제가 유생들을 달래 보겠습니다."

황희는 세종을 안심 시킨 후, 집현전 학자의 집을 일일이 찾아다니기 시작했습니다.

"아이고, 황희 대감! 저희 집에는 어쩐 일이십니까?"

조선에서 가장 높은 관리인 영의정이지 선비들의 정신적 지주인 황희가 자기 집에 찾아왔으니 학자들이 얼마나 놀랐겠어요?

황희는 학자의 손을 꼭 잡으며 간곡히 부탁했습니다.

"전하의 입장을 좀 헤아려 볼 수 없겠나?"
"대감, 조선은 유교의 나라입니다. 어찌 불교의 전통을 따를 수 있겠습니까? 그것은 이 나라의 정신을 흔드는 일입니다."
황희는 학자의 말을 귀담아들은 후 입을 떼었습니다.
"자네의 말도 옳고, 전하의 말도 옳다네."
"그게 무슨 말씀이십니까?"
"집현전 학자들을 비롯한 유생들은 공자의 가르침을 따르려고 이러는 것이니 옳은 행동이고, 전하는 돌아가신 부모님의 제사를 정성껏 모시기 위한 효심에서 불당을 세우시려는 것이니 이 또한 옳은 행동이라고 할 수 있지 않겠나? 다만 전하는 자네들의 마음을 헤아리지 못하시고, 자네들은 전하의 마음을 헤아리지 못하고 있을 뿐이지."
황희는 계속해서 학자들의 집을 일일이 찾아 다니며 세종의 뜻을 알리기 위해 애썼습니다.
그러던 어느 날 한 학자가 황희에게 다가와 넌지시 말했어요.
"대감, 그만 하시고 돌아가시지요. 한 나라의 정승께서 어린 학자들에게까지 사정을 하시는 모양새가 보기에 좋지 않사옵니다."
그 말을 들은 황희는 껄껄껄 웃으며 이렇게 말했어요.
"내가 그렇게 불쌍해 보이거든 자네라도 어서 궁궐로 돌아오게. 내 이렇게 부탁함세."
황희의 정성이 통했던 것일까요? 얼마 후 집현전 학자들의 마음이 서서히 돌아서기 시작했습니다.

"황희 대감을 생각해서라도 다시 궁궐로 돌아가야 하지 않겠나?"

"그러게 말이야. 나이도 지긋하신 분께서 먼 길도 마다하지 않으시고 직접 발길을 하셨는데 모른 체할 수는 없는 노릇이지."

결국 모든 집현전 학자들이 궁궐로 돌아오게 되었답니다.

하루는 이런 일도 있었어요. 황희가 집에서 쉬고 있는데 두 여종이 입을 실룩거리며 달려왔어요.

"나리, 저 아이의 버릇을 좀 고쳐 주십시오. 몹시 나쁜 계집입니다."

"허허, 무슨 일인데 그러느냐?"

황희의 말에 여종은 그동안 있었던 일을 미주알고주알 일러바쳤어요.

"어허, 그런 일이 있었느냐? 네 말이 옳구나."

황희가 고개를 끄덕이자 여종은 다른 여종에게 눈을 부라리며 말했어요.

"거 봐, 내 말이 맞다 하시잖아."

그러하자 이번에는 다른 여종이 시시콜콜 변명을 하기 시작했어요.

다른 여종의 말도 끝까지 모두 들어 준 황희는 또 고개를 끄덕이며 말했어요.

"어허, 그러냐? 듣고 보니 네 말도 옳구나."

이때 옆에서 잠자코 이 모습을 시켜보던 조기기 고개를 절레절레 흔들며 끼어들었습니다.

"숙부님! 저 아이도 옳다 하시고, 이 아이도 옳다 하시면 대체 누가 옳은

것입니까? 제가 보기에는 숙부님 말씀이 이상한 것 같습니다."
그러자 황희는 이번에도 고개를 끄덕였어요.
"그래, 듣고 보니 네 말도 옳구나."
이 말에 조카는 웃음을 터트렸고, 서로 눈을 부라리고 서 있던 두 여종도
배를 부여잡고 깔깔 웃었어요. 웃느라 마음이 풀어진 두 여종은 그
자리에서 서로 화해를 했답니다.
이처럼 황희는 모든 사람의 말을 귀담아들으려 했고, 각자의 상황을
이해하려고 노력한 선비였답니다.

황 희 자식 앞에 무릎을 꿇은 선비

엄격함으로 김종서를 껴안다

그렇다고 황희가 시시비비도 가리지 않는 흐리멍덩한 사람은 절대 아니었어요. 그의 말과 행동에는 언제나 깊은 뜻이 숨겨져 있었지요. 북방 두만강 유역으로 파견되었던 김종서가 한양으로 돌아왔을 때 일이에요. 두만강 유역은 태조 이성계가 조선 건국을 결심했던 곳으로 우리 민족에게 매우 의미 깊은 땅이었는데, 그 당시 여진족이 침범해 차지하고 있었답니다. 이에 세종은 용맹한 김종서를 그곳으로 보냈고, 김종서는 여진족을 물리치고 두만강 유역을 되찾았어요. 김종서는 그 공로를 인정받아 조선의 군사에 관한 일을 총괄하는 병조 판서에 올랐어요. 김종서의 목에는 점점 힘이 들어갔답니다. 하루는 조정 대신들이 모두 모여 회의를 하는 날이었어요.

"김종서 대감은 왜 여태 안 오는 것인가?"

황희가 묻자 대신들은 서로 눈치만 살피며 대답을 미루었어요. 잠시 후 김종서가 안으로 들어왔습니다.

"이런! 저 때문에 회의가 늦어졌나 보군요."

김종서는 미안하다는 말 한마디 없이 의자에 삐딱하게 앉아 거드름을 피웠어요. 그러자 황희는 문밖에 서 있던 신하를 불러 호통을 쳤어요.

"어찌하여 다리 한쪽이 짧은 의자를 병조 판서에게 드렸는가?"

황희의 호통에 김종서는 얼른 의자를 살펴보았어요. 하지만 의자는 아무런 이상이 없었지요. 그제야 김종서는 황희가 자신을 혼내기 위해 일부러 호통을 쳤다는 것을 깨닫고 얼른 자세를 바로잡았습니다.

"황희 대감, 제가 무례하게 굴었다면 용서해 주십시오."

그러자 황희가 따끔하게 말했어요.

"앞으로 의자 다리가 짧거든 반드시 수리해서 앉으시오."

한번은 김종서가 영의정 황희와 함께 좌의정, 우의정, 세 정승을 집으로 초대한 적이 있었어요. 영의정, 좌의정, 우의정은 조선의 최고 행정 기관인 의정부에 속한 벼슬이에요. 백성과 관리들을 두루 살피고 나라의 중요한 일을 결정하는 조정의 가장 높은 관리들이었지요.

"차린 건 없지만 맛있게 드십시오. 제 성의입니다."

좌의정과 우의정, 두 정승이 맛있게 음식을 들었어요. 그런데 황희는 수저를 들 생각도 하지 않고 눈을 지그시 감고 있었어요.

"황희 대감, 왜 그러십니까? 음식에 무슨 문제라도……."

김종서가 걱정스러운 표정으로 황희에게 물었어요. 황희는 김종서의 말이 채 끝나기도 전에 밥상을 탁 내려치며 다짜고짜 따져 물었습니다.

"병조 판서! 이 음식은 무슨 돈으로 차렸습니까?"

"그, 그야 병조의 돈으로……."

"의정부 가까이 예빈시(궁궐에 손님이 왔을 때 음식을 준비하거나 중요한 관직의 관리들에게 음식을 공급하던 곳)가 있습니다. 배가 고프면 예빈시에 밥을 준비해 달라고 하면 됩니다. 그런데 어찌 사사로운 일로 나랏돈을 쓴단 말이오?"

여러 사람 앞에서 꾸중을 들은 김종서의 얼굴이 붉어졌어요. 이때 무거운 분위기를 바꿔 보려고 좌의정이 조심스럽게 입을 열었어요.
"이 정도는 눈감아 주시지요. 별일 아니지 않습니까?"
"아닙니다. 어찌 한 나라의 병조 판서가 공적인 일과 사적인 일을 구분하지 못한단 말입니까. 이는 결코 그냥 넘어갈 수 없는 일입니다. 내 이를 전하께 아뢰어 벌을 주어야겠습니다."
황희는 그 뒤로도 김종서의 작은 잘못 하나 그냥 넘어가는 일이 없었답니다.
하루는 좌의정이 황희에게 넌지시 물었어요.
"김종서가 비록 젊지만, 빼앗긴 나라 땅을 되찾아 온 장군입니다. 게다가 무신 출신이 아니라 유학을 공부해 문과에 급제한 선비가 아닙니까? 그런데도 대감께서는 어찌하여 김종서에게만 그토록 매정하게 구십니까? 혹시 사사로운 감정이라도 있으십니까?"
황희는 근심스러운 표정으로 말했어요.
"나나 좌의정은 이미 나이가 많이 든 노인입니다. 우리는 곧 나랏일에서 물러나야 할 텐데, 그러면 누가 전하를 모시겠습니까? 바로 김종서입니다. 그렇기에 틈을 보일 때마다 꾸짖는 것입니다. 김종서를 조정에 추천한 사람도 바로 저입니다. 그러니 그가 올바른 선비가 되어 나라를 이끌어 나갈 수 있도록 다그치는 것도 제가 할 일이지요."
이에 좌의정은 무릎을 치며 껄껄껄 웃었지요.

"과연 참새가 봉황의 뜻을 모른다고 하더니 제가 딱 그런 꼴이군요."
이 이야기를 전해 들은 김종서는 곧장 황희를 찾아갔어요.
"대감, 지난 일은 모두 제가 잘못했습니다. 그 깊으신 뜻도 모르고, 저를 미워하시는 줄만 알았습니다. 부디 용서하여 주십시오."
그 후 김종서는 황희를 본받아 넓은 마음으로 사람을 품을 줄 아는 어진 선비가 되었고, 황희는 영의정에서 물러나면서 그 자리를 이어받을 사람으로 김종서를 추천했다고 해요.

셋째 아드님, 이제 오십니까?

황희는 자식을 교육하는 방법도 남달랐다고 해요. 한때 황희의 셋째 아들 황수신은 매우 방탕한 생활을 했어요. 하루는 황희가 부인에게 황수신의 안부를 물었습니다.
"셋째는 어찌하여 요즘 잘 보이지 않습니까?"
황희의 질문에 부인은 주저하며 말꼬리를 흐렸어요.
"그, 그게 수신이가 요즘 어떤 기생에게 빠져 밤낮 없이 술에 취해······."
"어허, 내가 나랏일을 돌보느라 자식은 돌보지 못했구려."
다음 날 황희는 황수신을 불러 점잖게 타일렀어요.
"애야, 너는 어떤 사람이 참 선비라고 생각하느냐?"
"학문을 갈고 닦아 나라에 도움이 되는 사람입니다."

황희 자식 앞에 무릎을 꿇은 선비

"그렇게 쓸모 있는 선비가 되려면 어찌해야 하느냐?"
"넓은 마음으로 남의 말에 귀를 기울일 줄 알아야 합니다."
"잘 알고 있구나. 그럼 이 아비의 말에도 귀를 기울여다오. 요즘 네가 학문을 멀리하고 술을 지나치게 마신다고 들었다. 그만 자제하고 참 선비가 되기 위해 노력하여라."
"예, 아버님."
황수신은 아버지 황희의 말에 고분고분 대답했습니다. 하지만 행동은 조금도 나아지지 않았지요.
며칠 후 황수신은 또 다시 술에 취해 비틀거리며 한밤중이 되어서야 집에 돌아왔어요. 대문을 열고 집 안으로 들어서는데 아버지 황희가 관복을 입고 절을 하며 자신을 맞이하고 있지 뭐예요.
"셋째 아드님, 이제 오십니까?"
황수신은 혹시 헛것이 보이는가 싶어 눈을 비볐어요. 하지만 틀림없이 아버지 황희였어요. 황수신은 정신이 번쩍 들었습니다.
"어이쿠, 아버지 왜 이러십니까? 제발 일어나십시오."
"집에 손님이 오셨으니 주인은 옷차림을 바로 하고 맞이하는 것이 예의지요."
"아니, 아버님! 저에게 손님이라니요?"
그러자 황희는 천연덕스럽게 말을 이었어요.
"자식이 아비를 진정 부모로 생각한다면 한 번 타일렀을 때 귀담아듣지

않았겠느냐? 네가 나를 부모로 생각하지 않으니, 나도 너를 자식이 아니라 손님으로 대해야겠다."
그 말을 듣고 황수신은 바닥에 엎드려 울음을 터트렸어요.
"아버님! 제가 잘못했습니다."
그 후 황수신은 자신의 잘못을 크게 뉘우치고, 훗날 아버지의 대를 이어 정승의 자리까지 올랐어요.
이처럼 황희는 모든 사람을 그저 받아 주는 사람이 아니라, 잘못한 일은 스스로 깨우치고 고칠 수 있도록 도와주는 어질고 현명한 선비였답니다.

우리가 본받아야 할 선비 정신

어질고 너그러운 마음가짐

우리 조상들은 인격이 변변치 못하면 제아무리 공부를 잘해도 훌륭한 선비라고 인정하거나 존경하지 않았어요. 다른 사람의 말에 항상 귀 기울이고, 남을 존중하는 너그러운 사람을 훌륭한 선비라 말했지요. 너그럽다는 것은 다른 사람의 잘못을 덮어 주면서 무조건 잘 대해 주는 걸 말하는 게 아니에요. 슬기와 높은 덕행을 고루 갖추어 상대가 잘못을 하면 바르게 고칠 수 있도록 도와주는 것을 말해요.

황희는 조선 초기 백성과 선비들은 물론 왕의 두터운 신임까지 얻은 큰 선비였어요. 그가 사람들의 존경을 받은 것은 너그러움을 행동으로 보여 주었기 때문이지요.

황희는 늘 상대의 말에 귀 기울였어요. 그 상대가 아무리 신분이 낮고, 가난하고, 힘없는 자라 하여도 상대의 말과 행동에 깃든 뜻을 헤아리려 노력했지요. 또한 아무리 높은 자리에 있는 힘 있는 자라 하여도 잘못된 생각을 가지고 있다면 엄격하게 잘못을 바로잡아 주었어요. 이런 황희를 본보기로 삼아 많은 선비들이 어질고 너그러운 마음을 갖기 위해 노력했답니다.

선비와 함께 역사 알기

◆ 유생들은 어떤 공부를 했을까?

성균관은 조선 시대 최고의 교육 기관이었어요. 조선 시대에는 학식이 높은 유생들을 뽑아 성균관에서 가르치며 나라의 큰 인재가 될 수 있도록 했답니다. 성균관 유생들은 유학을 깊이 있게 공부했어요. 유교의 주요 경전인 《대학》 《논어》《맹자》《중용》과 《예기》《춘추》《시경》《서경》《주역》등을 차례로 배웠는데, 가장 먼저 《대학》을 배운 후 시험에 합격하면 《논어》를 배웠답니다. 하지만 시험에 합격하지 못하면 통과할 때까지 계속 《대학》을 공부해야 했어요. 이런 식으로 마지막 단계인 《주역》까지 모두 공부하는 데 보통 삼 년에서 사 년 정도가 걸렸다고 해요.

◆ 조선 시대 선비들의 자녀 교육

조선 시대 선비들은 하루에 오전과 오후, 두 번에 걸쳐 자녀들에게 공부를 가르칠 만큼 자녀들의 교육에 많은 신경을 썼어요. 선생님처럼 숙제를 내 주고 숙제 검사도 했다고 해요. 많은 책을 읽고, 학식을 넓히는 것과 함께 사람 된 도리와 선비의 마음가짐에 대해서도 중요하게 여기고 교육했답니다.

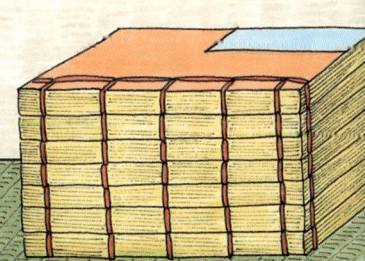

흥흥

왕자에게 호통을 친 선비

선비 홍흥

홍흥(1424~1501)은 조선의 아홉 번째 왕 성종의 총애를 받은 조선 중기 때 선비예요. 강원도 관찰사, 호조 참판 등 여러 관직을 두루 거치다가 한성부에서 일하게 되었어요. 한성부는 조선 시대 수도인 한양의 법과 행정을 맡아 보던 기관이지요. 이때 홍흥의 별명은 '호랑이 법관'이었어요. 모든 사람에게 공정하고 엄격하게 법을 적용했기 때문이에요. 또한 홍흥은 성품이 강직하고 인물과 풍채도 준수하여 조선을 대표하는 사신으로 자주 명나라에 파견되었답니다.

홍흥 왕자에게 호통을 친 선비

친구라도 법은 지키시오

"이제 곧 명나라에 사신(왕이나 나라의 명령을 받고 외국에 파견되는 신하)을 보내야
하는데 누구를 보내는 것이 좋겠소?"
왕의 질문에 조정의 관리들이 입을 모아 말했습니다.
"홍흥이 가장 적합한 인물이라고 생각합니다."
"그 이유가 무엇이오?"
"홍흥은 인물이 좋고, 키도 크며, 몸집이 좋아 위엄이 있어 보이기
때문입니다."
왕은 흡족하지 않은 표정으로 물었어요.
"내세울 것이 그것뿐이오?"
"그뿐만 아니라 홍흥은 말을 하는 재주가 뛰어나고 글 솜씨 또한 훌륭해
사신으로 적합하다고 생각합니다."
한 관리가 홍흥의 뛰어난 재주를 칭찬했습니다.
"단지 그것뿐인가?"
하지만 왕은 여전히 흡족하지 않은 표정으로 물었지요. 그러자 다른
관리가 나서며 대답했습니다.
"전하, 명나라에 가는 사신은 조선을 대표하는 인물이어야 합니다.
따라서 매사를 공평하게 처리할 줄 아는 인물이어야 한다고 생각합니다.
홍흥은 무엇보다 법도를 엄격하게 지키는 선비입니다. 홍흥은 지금까지

단 한 번도 법도에 어긋나는 일을 한 적이 없다고 합니다."
그제야 왕은 무릎을 탁 치며 흡족해 했지요.
홍흥은 조선의 아홉 번째 왕 성종의 명령을 받고 명나라에 자주 드나들었어요. '당대 제일의 인물'이라고 불릴 만큼 풍채가 좋았고, 논리에 맞게 말을 잘 하며, 글을 쓰는 솜씨 또한 뛰어난 재주 많은 선비였기 때문이었지요. 하지만 홍흥이 사신으로 뽑힌 더 큰 이유는 엄격하고 대쪽 같은 성격을 지녀 왕이 마음 놓고 일을 맡길 만한 신하였기 때문이었답니다.

 홍흥은 당시 한양의 법과 행정을 맡아보던 기관에서 두 번째로 높은 직책인 '좌윤'이란 벼슬을 지내고 있었어요. 워낙 모든 일을 법도에 따라 엄격하게 처리하여 '호랑이 법관'이란 별명으로 유명했지요.
호랑이 법관 홍흥에게는 이육이라는 친한 친구가 있었는데, 홍흥은 이육보다 나이가 열 살이나 많고 벼슬도 더 높았지만 이육의 글을 좋아해서 친구로 사귀고 있었습니다. 집도 바로 이웃해 있어서 시간이 날 때마다 서로의 집을 방문해 담소를 나누고는 했답니다.
어느 날 홍흥이 집에서 글을 읽고 있는데 이육의 집에서 뚝딱뚝딱 요란한 소리가 들려왔습니다. 이를 이상하게 여긴 홍흥이 하인을 불렀어요.
"여봐라! 이육 대감 댁에 가서 무슨 일이 있는지 좀 알아보고 오너라."
"네, 나리."

홍 흥 왕자에게 호통을 친 선비

잠시 후 하인이 돌아와 홍흥에게 이야기했습니다.
"이육 대감이 사랑채를 새로 짓고 있다고 합니다."
"사랑채를 새로 짓는다. 얼마나 크게 짓는다고 하더냐?"
"손님들이 드나들기에 불편함이 없도록 옛 사랑채의 두 배 크기로 짓는다고 합니다."
"두 배 크기면 너무 호화로운 것이 아니냐. 어허, 집을 지을 때는 나랏법에 맞게 지어야 하거늘, 이육 대감이 어쩌자고……."
조선 시대에도 요즘처럼 일종의 건축법이 있었어요. 보통 백성들은 좁은 땅 안에 한두 채의 집을 짓되 칸수는 열 칸이 넘지 않아야 했지요. 또한 안방, 건넛방, 대청마루, 부엌, 곳간 등 꼭 필요한 공간만 간단하게 짓도록 했고요.
양반들도 마음대로 집을 지을 수 없었어요. 양반들은 넓은 땅에 안채, 사랑채, 행랑채, 바깥채, 별당 등 여러 채의 건물을 지을 수 있었지만 계급에 따라 각 방의 개수와 크기가 엄격하게 정해져 있었습니다. 또한 기둥의 둘레와 길이에 대한 기준도 정해져 있었어요. 그렇기 때문에 돈이 아무리 많아도 벼슬이 낮으면 큰 집을 짓고 살 수 없었답니다.
홍흥은 당장 이육의 집으로 향했습니다.
"이 대감! 계십니까?"
"홍 대감, 이게 몇 달 만입니까? 별고 없으셨고요? 대감이 명나라에 가 있는 동안 말벗이 없어 적적해 혼났습니다."

이육은 홍흥을 반갑게 맞이했어요.

"그런데 돌아오시자마자 저희 집부터 찾으시다니, 무슨 일이라도 있으신 겝니까?"

"이 대감, 이런 말을 한다고 너무 섭섭하게 생각하지 마십시오."

이육은 홍흥이 무슨 말을 꺼낼지 눈치채고 잠자코 고개를 숙였어요.

"내 보아하니 사랑채 터를 너무 크게 잡은 것 같소이다. 나라에서 정한 법입니다. 선비가 앞장서서 지켜야 하지요."

"많은 손님들이 드나드시는데 지금의 사랑채는 너무 작은 듯해서요. 넓게 다시 지으면 많은 분들이 편히 드나드실 수 있을 것 같아서요."

"내가 그 마음을 모르는 것은 아니지만 법을 어기면서까지 크게 지을 필요는 없지 않습니까? 법을 솔선수범하여 지키는 것이 선비의 도리지요."

홍흥이 정색을 하고 따지자 이육은 머쓱한 표정을 지었어요. 이때 마침 이육의 집을 찾았던 한 선비가 이육을 거들었습니다.

"홍흥 대감, 이웃집에 사는 사이인데 이거 너무하시는 거 아닙니까? 한 번만 눈감아 주시면 될 것을 말입니다."

"그런 말씀 마십시오. 이육 대감은 내 벗이기 때문에 더더욱 안 되는 것입니다. 법을 어기고 집을 지었다가 적발이 되면 애써 지은 집은 헐리고, 주인은 옥살이를 하게 됩니다. 만약 이육 대감이 이를 어기고 분수에 맞지 않게 사랑채를 짓는다면 나는 당장 이육 대감과의 관계를

홍 흥 　왕자에게 호통을 친 선비

끊어 버릴 것입니다."

그렇게 말한 홍흥은 이육 쪽으로 고개를 돌리고 따뜻한 목소리로 말을 이었어요.

"이육 대감! 난 친구를 잃고 싶지 않소이다."

그러자 홍흥의 말을 이해한 이육은 마침내 홍흥의 말을 흔쾌히 받아들였어요.

"알겠습니다. 대감의 말을 듣고 나니 제가 잘못 생각했던 것 같습니다. 제 집에 오시는 손님들께서 편히 계셨으면 하는 마음에 그만……. 제 잘못입니다."

"고맙소. 집 짓는 목공과 하인들에게 다짐해 둘 말이 있으니 불러 주시겠습니까?"

잠시 후 목공과 하인들이 모두 모이자 홍흥이 엄격한 목소리로 말했습니다.

"만약 기둥 길이가 법보다 한 치라도 길면 용서하지 않고 처벌하겠다. 그러니 신경 써서 법에 어긋나지 않게 지어라."

목공들은 홍흥의 말에 고개를 끄덕였어요.

"그런데 이미 자리를 잡은 기둥은 어찌할까요?"

한 목공이 홍흥에게 물었어요. 그러자 홍흥은 직접 기둥을 하나하나 둘러보며 법에 어긋나는 것은 없는지 살펴보았습니다.

"이 기둥은 너무 기니 짧게 잘라서 짓도록 하라. 그리고 서까래를 만들

나무가 너무 고급이다. 다른 나무를 쓰도록 하라."
홍흥이 어찌나 엄격하고 꼼꼼하게 기둥을 확인하였던지 목공들 모두 혀를 내둘렀답니다.

죽기 싫거든 지나치게 짓지 말거라!

그 무렵 왕자가 넓은 터에 호화로운 집을 짓는다는 소문이 퍼졌어요. 조선 시대에는 장차 왕의 자리를 이어받을 왕세자를 제외한 모든 왕자들은 일정한 나이가 되면 궁궐을 떠나 살아야 했답니다. 소문을 들은 홍흥은 직접 왕자가 집을 짓고 있는 곳으로 찾아갔어요. 과연 듣던 대로 무척 호화로운 집을 짓고 있었어요.
"여봐라! 이 집의 공사를 담당하는 자가 누구냐?"
"홍흥 대감, 여기까지 무슨 일이시오?"
홍흥을 맞이한 사람은 당시 최고의 권력을 갖고 있던 임사홍이었어요.
"대군(왕과 왕비 사이에 태어난 왕세자가 아닌 왕자를 부르는 말)께서 지으시는 집이 법에 맞지 않는다는 소문을 듣고 찾아왔습니다."
"허허, 이 사람! 아니, 대군이 누구신가? 전하의 아드님이 아닌가? 호화로운 집에 산다고 해서 그게 무슨 흠잡을 일인가?"
임사홍이 호통을 쳤지만 홍흥은 눈 하나 깜짝하지 않았어요.
"하지만 나라에서 정해 놓은 법이 있지 않사옵니까?"

홍 흥 왕자에게 호통을 친 선비

"허허, 이 사람 정말 못 말릴 인물일세. 그래서 어떻게 하라는 건가?"
"당연히 나라에서 정한 대로 집을 다시 지어야 한다고 생각합니다. 이 나라의 주인, 전하의 아드님이십니다. 백성들이 우러러보고 있사온데, 어찌 법을 어기시려고 하신답니까? 모두에게 본보기를 보이셔야지요."
홍흥이 이치에 맞는 말을 하자 임사홍은 긴 수염을 쓰다듬으며 곤혹스러운 표정을 지었어요. 그러자 임사홍을 따르던 신하가 홍흥에게 따져 물었지요.
"지금 어디서 큰소리를 치시는 겁니까? 감히 임사홍 대감 앞에서 법을 운운하시다니요?"
"잘못이 있다면 제가 벌을 받겠습니다. 하지만 대군께서도 법을 지키셔야 한다는 제 생각에는 변함이 없습니다. 한 나라의 왕자가 법을 어기는데, 어느 백성이 법을 따르겠습니까?"
홍흥이 한 발자국도 물러서지 않고 또박또박 말하자 임사홍의 얼굴은 점점 붉어졌습니다.
"쯧쯧, 자네는 너무 곧아. 잊지 말게. 너무 곧으면 부러지는 법이라는 걸."
임사홍의 말 속에는 가시가 박혀 있었어요. 만약 이 일을 문제 삼을 경우 나중에 큰코다칠 수 있다는 뜻이 담겨 있답니다. 하지만 홍흥은 순순히 물러서지 않았어요. 임사홍과 그를 따르는 신하가 자리를 뜨자

홍흥은 목수들을 불러 모았습니다.

"모두 잘 들어라. 집을 짓는 데는 꼭 지켜야 할 법이 있다. 아무리 높은 사람이 살 집이라고 해도 법에 어긋나는 집을 지어서는 안 된다."

홍흥은 쩌렁쩌렁하게 외쳤어요.

"죽고 싶지 않거든 지나치게 짓지 말거라!"

결국 임사홍은 왕자에게 홍흥이 목수들에게 한 말을 전하고 말았습니다.

"대군, 홍흥 대감이 목수들에게 죽고 싶지 않거든 지나치게 짓지 말라고 호령했다고 합니다. 이를 그냥 넘어갈 수는 없습니다. 이게 누구에게 하는 말이겠습니까? 대군을 향한 말 아니겠습니까?"

"음, 역시 호랑이 법관이로구나."

"네? 그게 무슨 말씀이신지요?"

왕자는 빙그레 웃으며 말했습니다.

"홍흥 대감의 말이 하나도 틀리지 않았다는 말이다. 사치를 막고 신분 제도를 엄격히 하기 위해 만든 법인데 왕자인 내가 그 법을 당연히 따라야 하지. 목수들에게 법에 맞도록 집을 다시 지으라고 일러라."

"아니, 이대로 홍흥을 용서하실 작정이십니까?"

"용서라니? 홍흥 대감이 무슨 죄를 지었다고?"

"대군을 향해 죽기 싫거든 지나치게 짓지 말라고 하지 않았습니까?"

"그 자의 말이 맞는 걸 어쩌겠느냐? 여러 소리 하지 말거라."

이 일은 한양 구석구석에 소문이 났습니다. 사람들은 왕자에게 죽음까지

들먹이며 법을 따라야 한다고 호통을 칠 만큼 엄격한 홍흥 앞에서 옷고름 매는 법 하나까지 어길 수 없었다고 합니다.

힘없는 백성을 위한 법은 따로 있다

그러나 홍흥이 아무에게나 융통성 없이 엄하게 법을 적용한 건 아니었어요. 힘이 있고 권력이 센 자들에게는 엄격했지만, 반대로 힘없고 가난한 백성들에게는 한없이 부드럽고 따뜻했지요. 얼핏 들으면 공정하지 못한 것 같지만 사실 제대로 교육 받을 기회가 없었던 가난한 백성들은 법을 몰라서 어기는 경우가 더 많았어요. 게다가 권력이 있는 자들은 법을 어기고도 요리조리 벌을 피해 가곤 했지만, 힘없는 백성들은 아주 작은 일에도 큰 벌을 받는 일이 많았기 때문에 홍흥은 그런 백성들을 보호해 주고자 했답니다.

하루는 홍흥이 거리를 행차하고 있었어요.

"어허, 죽고 싶어서 환장했구나."

앞서 가던 홍흥의 신하가 동네 할머니들과 승강이를 벌였어요. 전국에 금주령이 내려졌건만 동네 할머니들은 어디서 술을 구해 먹었는지 잔뜩 취해 노래까지 불렀습니다. 몇 명은 한술 더 떠서 손뼉을 치며 춤까지 추었지요.

"무슨 일이냐?"

홍 흥 왕자에게 호통을 친 선비

뒤따라오던 홍흥이 걸음을 멈추고 물었어요.

"대감! 송구합니다. 아 글쎄, 이 할멈들이……."

"나리, 나리! 드릴 말씀이 있습니다."

할머니들의 입에서는 술 냄새가 풀풀 풍겼어요. 조선 시대에는 흉년이 들면 먹을 것이 없어 굶어 죽는 백성들이 많았어요. 그래서 나라에서는 흉년이 든 해에는 곡물로 술을 담가 마시지 못하도록 하는 금주령을 내려 곡식을 아끼고자 했답니다.

"무슨 일인데 그러느냐?"

홍흥이 묻자 할머니들이 대답했어요.

"나리, 술이 이렇게 좋은데 왜 나라에서 못 만들게 합니까?"

"흉년 때문에 그러는 게 아니냐. 쌀과 보리를 아껴야 가난을 구제하지."

"흉년이 지나간 지 꽤 되었습니다. 올해는 풍년이 들어 곡식도 넉넉하고요. 이제는 금주령을 좀 풀어 주십시오. 금주령 때문에 제사를 지낼 때 조상님께 술 한 잔 바치지 못하고 있습니다."

홍흥의 신하가 어이없다는 표정을 지으며 고함을 질렀습니다.

"어허! 지금 누구 앞에서 행패를 부리는 게야? 이 할멈들이 지금 제정신이 아니구나. 뭣들 하느냐? 이 할멈들을 붙잡아 옥에 가두어라. 금주령을 어긴 죄인들이다!"

그러자 홍흥이 손을 휘휘 저으며 말했어요.

"내버려 두어라."

"그게 무슨 말씀이십니까?"

"내가 전하께 아뢰어 너희 소원대로 금주령을 풀어 주마. 하지만 금주령이 풀렸다고 해서 술을 너무 많이 먹으면 안 되느니라."

평소 엄격한 홍흥의 성품을 잘 아는 신하들은 깜짝 놀라 눈이 휘둥그레졌어요.

"아니, 대감! 지금 법을 어기시겠다는 겝니까?"

"법은 누구를 위해 만든 것이냐?"

"백성을 위해서가 아닙니까?"

"그렇지! 백성을 위해 만든 법이 잘못되었다면, 법을 바꾸어야지, 백성을

홍 흥 왕자에게 호통을 친 선비

가두면 되겠느냐? 지금은 금주령을 내려야 할 때가 아니라지 않느냐. 백성이 원하지 않는 법을 내세워 백성을 잡아 가두면 누가 법을 따르겠느냐? 백성이 원하지 않는 법은 고쳐야 마땅하다."

다음 날 홍흥은 곧바로 왕에게 아뢰어 금주령을 풀도록 했습니다.

조선 시대 선비들은 사회 질서를 아주 중요하게 생각했어요. 사회 질서가 잘 잡혀 있어야 백성들이 행복하게 살 수 있다고 생각했거든요. 그래서 나라의 관리가 된 선비들은 왕과 함께 백성들을 위한 법을 만들기 위해 고민했지요. 홍흥은 이렇게 고심 끝에 만든 법을 늘 백성의 편에 서서 공정하게 집행하려고 노력했어요. 돈과 권력을 등에 업고 법을 어기는 자들은 엄히 심판해 백성들의 피해를 줄이고, 백성들은 법의 보호를 받을 수 있도록 힘썼지요. 그는 언제나 사회 질서를 바로 세우고자 노력한 선비였답니다.

우리가 본받아야 할 선비 정신

엄격하게 법을 따르는 마음가짐

조선 시대 선비들은 해도 되는 일이 무엇이고, 하지 말아야 하는 일이 무엇인지를 늘 고민했어요. 자기 멋대로 행동하는 사람은 결코 선비된 마음가짐을 가진 자라 할 수 없었지요. 그렇기 때문에 선비라면 나라에서 정한 법 또한 마땅히 지켜야 했어요.

홍흥은 선비라면 모름지기 행동부터 바르게 다스려야 한다고 생각했어요. 특히 법을 어기는 자는 선비가 아니라고 여겼고, 선비들이 솔선수범하여 법을 지켜야 많은 백성들이 이를 보고 따른다고 생각했답니다. 그래서 아무리 권세가 높고, 아무리 가까운 자라고 하여도 법을 어기면 엄격하게 처벌했지요. 또한 돈이 많고, 권력을 가지고 있는 사람들 때문에 법에 대해 잘 모르는 백성들이 피해를 입지 않도록 배려했답니다. 홍흥은 법이란 본래 백성들이 권리를 누리고 안전하게 살 수 있는 보호 장치가 되어야 한다고 생각했기 때문이에요.

선비와 함께 역사 알기

◆ 최초의 종합 법전, 경국대전

　　조선 시대의 왕과 관리들은《경국대전》을 바탕으로 법을 집행했어요.《경국대전》은 세조 때 만들기 시작하여 성종 때 완성한 조선 최초의 종합 법전이에요. 지금으로 치면 헌법과 같은 것이지요.
　　《경국대전》은 이전, 호전, 병전, 예전, 공전, 형전 이렇게 여섯 종류로 구성되어 있어요. 이전은 관리를 임명할 때 필요한 내용이나 국가 기구의 구성 및 기능에 관한 규정을 담고 있어요. 호전은 나라의 살림살이와 백성의 생활에 관한 내용, 병전은 군사 제도에 관한 내용이 담겨 있고, 예전은 과거나 혼인, 상복 등에 관한 내용을 담고 있지요. 또 공전은 도로나 교통 등에 관한 내용을, 형전은 형벌이나 재판에 관한 내용을 담고 있습니다.

◆ 양반들은 어떤 집에서 살았을까?

　　조선 시대 양반들은 행랑채, 사랑채, 안채를 갖춘 한옥에서 살았어요. 마당에 있는 행랑채는 주로 하인이나 심부름하는 사람들이 쓰던 곳이에요. 안채는 집 안의 여자들이 주로 머물던 공간이고, 사랑채는 안채와 떨어져 있는 남자들만의 공간이었어요. 사랑방, 대청과 누마루, 침방, 서고 등이 사랑채 안에 있었는데 이 중 사랑방은 주인이 손님을 접대하고 자녀를 교육하던 공간으로, 선비들이 가장 중요하게 생각하던 곳이에요.

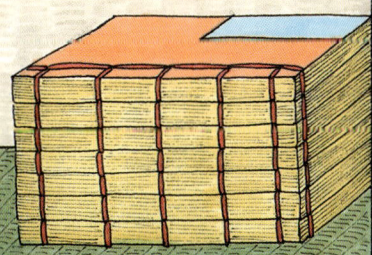

김수팽
판서의 바둑판을 엎어 버린 선비

선비 김수팽

김수팽(?~?)은 조선의 스물한 번째 왕 영조 때 관아에서 일하던 말단 관리예요. 벼슬이 너무 낮아서 언제 태어났는지, 언제 죽었는지 등 그의 삶에 관한 자세한 기록이 남아 있지 않아요. 비록 김수팽의 생애에 대해서 자세히 알 수는 없지만, 자기가 맡은 일을 사명감을 가지고 성실히 수행해 많은 사람들의 존경을 받았다는 사실만은 몇몇 일화를 통해 전해진답니다.

김수팽 판서의 바둑판을 엎어 버린 선비

밭에 도로 묻은 보물

"이보게, 이 시간까지 안 가고 뭐하나?"
밤늦게까지 불을 밝히고 문서를 정리하는 김수팽에게 동료 아전이 물었어요. 아전은 각 관아의 벼슬아치들을 도와 일을 처리하던 말단 관리였어요.
"결재 받을 문서를 정리하는 중일세."
김수팽은 바쁘게 문서를 넘기며 뒤도 돌아보지 않고 말했어요. 동료는 어깨너머로 김수팽이 정리 중인 문서를 살펴본 뒤 혀를 차며 말했지요.
"나 참! 진짜 사실대로 문서를 기록했잖아."
아랑곳하지 않고 자신의 일에 몰두하는 김수팽에게 동료 아전이 넌지시 물었습니다.
"이보게, 자네는 집에 처자식이 없는가?"
김수팽은 그제서야 동료가 무슨 말을 하려는지 알아챘어요.
"있는 걸 뻔히 알면서 왜 묻는가?"
"우리가 받는 녹봉으로 어떻게 처자식을 먹여 살리나. 목구멍에 거미줄 안 치면 다행이지. 그러지 말고 문서를 조금만 고쳐서 쌀 한 가마니와 비단 서너 필이라도 챙기게. 우리만 입을 다물고 있으면 아무도 모를 게 아닌가."
그러자 김수팽이 자리에서 벌떡 일어나 화를 내며 말했습니다.

"지금 그게 나라의 녹을 먹는 관리가 할 말인가? 아무리 나라에서 주는 녹봉이 적다고는 하나 어찌 나라의 재물을 훔칠 수 있단 말인가? 그렇게 하면 우리가 도둑과 무엇이 다른가? 나는 절대 그럴 수 없네."

김수팽이 일하던 호조는 나라의 인구와 토지 등을 파악해서 해마다 얼마의 곡식이 생산되었는지를 계산하고, 그에 맞는 세금을 물리는 일을 하던 곳이었어요. 그러다 보니 몇몇 호조의 아전들은 문서를 조작해서 납부된 세금의 일부를 가로채곤 했답니다.

하지만 김수팽에게는 절대 용납할 수 없는 일이었지요. 비록 아전이 낮은 관직이기는 했지만 김수팽은 언제나 자신이 하는 일에 책임감을 갖고 자부심을 느끼며 일했지요.

관아 일을 마치고 집으로 돌아가는 길에 김수팽은 아우 김석팽의 집에 들렀어요. 아우인 김석팽은 관아에서 창고를 지키는 일을 하는 아전이었어요. 동생의 집에 들어선 김수팽의 눈에 마당 한 켠 쭉 늘어놓은 항아리가 보였습니다.

"김장철도 아닌데 이 항아리들은 다 웬 것이냐? 너 혹시 몰래 술을 빚어 팔려는 건 아니겠지?"

"아니고, 형님! 아닙니다."

김석팽은 펄쩍 뛰며 고개를 저었어요.

"물감을 담을 항아리입니다. 물감 장사라도 해서 밥값을 좀 벌어 보려고요. 나라에서 주는 녹봉은 좁쌀 몇 말에다 콩 몇 말이 전부이니,

생활이 여간 어려운 게 아니에요. 관아 일이 끝나고 남는 시간에 장사라도 해 볼까 합니다"
김석팽은 뒤통수를 벅벅 긁으며 대답했어요.
"이놈아! 오로지 장사만을 해서 먹고 살아야 하는 가난한 백성들의 일감을 빼앗으려는 것이냐? 어찌 선비가 백성보다 자신의 살림살이 걱정이 먼저인 게야?"
"하지만 형님, 우리가 높디높은 벼슬에 올라 사람들에게 존경을 받는 선비도 아니고 하루하루 입에 풀칠하기도 어려운데, 어찌 백성들의 가난을 먼저 생각하라고 하십니까?"
우물쭈물하며 변명을 하는 동생에게 김수팽이 물었습니다.
"네가 정녕 이십 년 전 어머니의 가르침을 잊었단 말이냐?"
두 사람이 아주 어렸을 때의 일이에요. 김수팽과 김석팽은 어머니를 도와서 밭일을 하고 있었어요. 밭을 갈던 두 형제는 우연히 땅 속에 깊숙이 묻혀 있는 값비싼 보물을 발견했습니다.
"형님, 아주 귀해 보이는데요. 이런 게 왜 우리 밭에 있을까요?"
"이걸 팔면 우리도 부자가 될 수 있을 거야!"
두 형제는 기뻐서 어쩔 줄 몰랐어요.
그 때 형제의 어머니가 다가왔어요. 형제는 기쁜 마음으로 어머니에게 밭에서 발견한 보물을 보여 주었습니다. 그런데 어머니는 기뻐하기는커녕 고개를 절레절레 흔들었어요.

"애들아, 그건 너희가 노력해서 얻은 재물이 아니니 탐내지 말거라."
어머니는 보물을 밭에 도로 묻고, 형제에게 진정한 선비는 아무리 가난하더라도 노력 없이 남의 재물에 욕심을 내서는 안 된다고 타이르셨지요.
어머니의 가르침이 떠오르자 김석팽은 부끄러운 마음이 들었습니다. 김수팽은 아우 김석팽과 함께 마당에 있던 항아리를 발로 차서 모조리 깨부순 후 자신의 집으로 돌아갔답니다.

허허, 자네도 바둑을 한 번 두어 보게

어느 날 김수팽은 문서에 결재를 받기 위해 판서를 찾아갔어요. 판서는 지금으로 치면 장관 정도 되는 아주 높은 벼슬이에요. 조선 시대의 판서들은 자기 집 사랑방에서 나랏일과 관련된 문서를 검토하곤 했어요. 그래서 아전들은 문서 꾸러미를 들고 판서의 집으로 찾아가 결재를 받곤 했답니다.

마침 판서는 사랑방에서 손님과 바둑을 두고 있었어요.

"저는 아전 김수팽이라고 하옵니다. 급한 문서를 가지고 왔습니다."

김수팽은 마당 한가운데 엎드린 채 공손하게 말했어요. 아전은 판서의 얼굴을 똑바로 마주 볼 수 없을 정도로 낮은 관리였습니다. 그래서 어떤 상황이라도 감히 고개를 빳빳이 쳐들고 판서를 똑바로 바라볼 수 없었지요. 아무런 대답이 들리지 않자 김수팽이 다시 한 번 공손히 말했어요.

"쇤네 다시 아룁니다. 급한 문서에 결재를 받으러 왔습니다."

하지만 판서는 바둑판만 뚫어지게 쳐다볼 뿐 김수팽에게는 눈길 한 번 주지 않았어요. 김수팽은 마당에 엎드린 채 판서가 결재하기만을 기다리고 또 기다렸습니다. 그렇지만 한 시간이 지나도 바둑은 끝날 기미가 보이지 않았어요.

'이거 큰일이네. 긴급하게 처리해야 하는 문서인데, 바둑 때문에

이렇게나 지체되다니!'

김수팽은 용기를 내어 다시 한 번 청했습니다.

"다시 아룁니다. 급한 문서를 가지고 왔습니다. 잠시 바둑을 멈추시고 이 문서부터 결재해 주십시오."

하지만 판서는 바둑에 푹 빠져 들은 체도 하지 않았습니다. 마침내 마당에 엎드려 있던 김수팽이 자리에서 벌떡 일어났어요. 그러고는 사랑방으로 뛰어 들어가 바둑판을 뒤엎어 버렸지요.

"아, 아니! 이놈이 미쳤나? 감히!"

판서와 함께 바둑을 두던 손님은 너무 기가 막혀 말도 제대로 잇지 못했어요.

바둑판을 뒤엎은 김수팽은 다시 마당으로 내려가 무릎을 꿇고 머리를 조아리며 이야기했습니다.

"제가 죽을죄를 지었으니 저의 목을 베어 주십시오. 하오나 나랏일은 잠시도 늦출 수가 없사오니 속히 이 문서만은 처리해 주시기 바랍니다."

"이런 맹랑한 놈을 봤나? 대감, 저놈이 지금 미쳤나 봅니다. 여봐라! 저놈을 당장 끌어내거라!"

판서는 불같이 화를 내는 손님을 진정시키고는 김수팽에게 물었어요.

"그래, 네 이름이 뭐라고 했느냐?"

"김수팽이라고 하옵니다."

"들고 온 문서를 이리 주게나."

김 수 팽 판서의 바둑판을 엎어 버린 선비

판서는 문서를 받아 빈 바둑판 위에 올려놓고 꼼꼼히 살펴보았습니다.
"자네도 바둑을 두어 보게. 두던 바둑을 멈추기란 여간 어려운 게 아닐세. 이번 일은 자네가 이해해 주게나."
판서는 결재한 문서를 김수팽에게 돌려주며 말했어요. 그리고 하인을 불러 김수팽에게 술상을 차려 주라고 일렀지요. 그 술은 자기 일을 충실히 해낸 김수팽에게 내리는 판서의 상이었어요.
하지만 김수팽은 공손히 머리를 조아리며 판서가 내린 술상을 거절했습니다.
"나리, 정말 죄송합니다. 문서를 즉시 넘겨야 하는지라 술을 마실 시간이 없사옵니다."
김수팽은 서둘러 인사를 하고 판서의 집을 나섰어요. 그 모습을 본 판서가 중얼거렸습니다.
"허허, 비록 아전이기는 하나 강직함과 성실함을 두루 갖춘 선비 중의 선비로구나."
조선 시대 선비들은 대부분 양반이었어요. 하지만 양반이라고 해서 모두 선비라 불렸던 건 아니에요. 선비라면 모름지기 곧은 성품과 남에게 본보기가 될 만한 마음가짐을 갖추어야 했지요. 그래서 김수팽처럼 직급이 낮아도 그 기상이 뛰어나면 훌륭한 선비로 인정받을 수 있었답니다.

김수팽 판서의 바둑판을 엎어 버린 선비

어명도 절차를 따라야 합니다

김수팽이 내탕고를 지키는 일을 맡아보던 때에는 이런 일도 있었어요. 내탕고는 왕의 재산을 보관하는 창고예요. 흉년이 들어 백성의 삶이 어려워지면 이곳에 보관하던 재물로 백성을 돕기도 했지요.

"어명일세. 지금 당장 내탕고에서 이만 냥을 꺼내게."

왕을 가까이에서 모시는 관리가 헐레벌떡 뛰어와 김수팽을 재촉했어요.

"죄송합니다만 꺼낼 수 없습니다."

"어허, 어명이라니까."

관리의 호통에도 김수팽은 꿈쩍도 하지 않았습니다.

"아무리 어명이라고 하여도 나랏일에는 절차가 있사오니 잠시만 기다려 주십시오."

예상치 못한 김수팽의 행동에 관리는 버럭 화를 냈습니다.

"네놈이 정녕 죽고 싶은 것이냐? 전하께서 직접 내리신 명령이다! 어서 문을 열지 못할까?"

환관이 다그치자 김수팽은 마지못해 자리에서 일어났어요.

"정 그러하시다면 여기서 잠시만 기다려 주십시오."

"아니, 문은 열지 않고 어디를 가는 것이냐?"

"법에 따르면 밤에 내탕고 문을 열기 위해서는 판서 대감의 허락을 얻어야 합니다."

"그래서?"

"판서 대감 댁을 찾아가 허락을 받아야지요."

"전하가 명하신 일인데 판서 대감의 허락을 받겠다는 것이냐?"

관리는 가슴을 탕탕 치며 답답해했어요. 하지만 김수팽은 물러서지 않았답니다. 나라에서 정한 법대로 내탕고의 재물을 지키는 것이 그의 일이었으니까요.

"죄송합니다. 그래도 절차를 따라야 합니다."

"알았네. 원 고집하고는. 얼른 허락을 받아 오게. 어서!"

관리는 김수팽의 등을 떠밀며 재촉했습니다. 하지만 판서의 집이 궁궐에서 꽤 멀리 떨어진 곳에 있었던 탓에, 김수팽은 이른 새벽이 되어서야 판서의 집에 도착할 수 있었어요.

"아니, 자네가 이 시각에 웬일인가?"

판서는 김수팽이 찾아온 이유를 듣고 펄쩍 뛰었어요.

"뭣이라? 어명을 거스르면서까지 절차를 내세웠다는 말이냐? 전하께서 명을 하시면 절차든 뭐든 일단 따라야지!"

판서는 급히 관복을 차려입고 내탕고로 향했어요. 하지만 왕의 심부름을 왔던 관리의 모습은 어디에도 보이지 않았지요.

"어이쿠, 이거 정말 큰일 났구나. 넌 어찌하여 어명을 거역했느냐?"

"전하라 할지라도 사사로이 법을 어겨서는 안 된다고 알고 있습니다. 저는 그저 제가 맡은 일을 했을 뿐입니다."

김 수 팽   판서의 바둑판을 엎어 버린 선비

그때 어젯밤 내탕고를 찾았던 관리가 다시 내탕고에 나타났습니다.
"판서 대감 오셨습니까? 괜한 걸음을 하셨습니다. 지난밤 전하께서 어떤 궁녀에게 상금을 내리려고 하셨는데 날이 밝자 깊이 생각을 하지 않고 내린 결정이라며 마음을 바꾸시고 그 명령을 거두어 들이셨습니다."
"그것 참 다행이네. 난 내탕고 문을 열지 않아 전하께서 노하셨을까 걱정하였네."
나중에 내탕고에서 있었던 일을 전해 들은 왕은 김수팽에게 상금을 내리며 그의 성실함을 크게 칭찬했다고 해요.
김수팽은 평생을 높은 관리들의 심부름을 하며 적은 녹봉으로 가난하게 살았지만 그에게 높은 관직과 많은 재물은 중요한 것이 아니었어요.
김수팽은 늘 맡은 일에 최선을 다하며 선비의 기상을 지키고자 노력했답니다.

우리가 본받아야 할 선비 정신

낮은 자리에서도 성실하게
자신의 일을 해내는 마음가짐

세상은 다양한 사람으로 구성되어 있어요. 지위가 낮은 사람, 높은 사람, 사소한 일을 하는 사람, 중요한 결정을 하는 사람……. 이런 사람들 모두가 모여야 비로소 사회가 완성되지요. 옛날 선비들은 무작정 신분 상승을 원하거나 권세 높은 사람이 되려는 태도보다는 자신이 맡은 일에 온 힘을 다하는 태도가 더 좋은 태도라고 여겼어요.

공자는 선비가 반드시 갖추어야 할 덕목 중 하나로 충실함을 꼽았어요. 충실함은 진실한 마음가짐으로 맡은 자리에서 최선을 다하는 태도를 말해요. 왕은 왕이 해야 하는 일을 충실히 하고, 신하는 신하가 해야 하는 일을 충실히 하며, 부모는 부모가 해야 하는 일을, 자식은 자식이 해야 하는 일을 충실히 해야 한다는 것이 공자의 가르침이었지요. 각자 자기 위치에서 자기의 역할을 다하는 것 그것이야말로 선비가 반드시 지녀야 할 마음가짐이라는 뜻이에요. 김수팽은 이러한 가르침을 깊이 새기고 일의 높고 낮음에 상관없이, 나라를 생각하는 마음가짐으로 성실하게 자신의 맡은 바 소임을 다했던 훌륭한 선비였답니다.

선비와 함께 역사 알기

◆ 아전은 어떤 일을 했을까?

아전은 높은 관리들이 중요한 일을 결정하면, 그 일이 잘 시행되도록 필요한 것들을 챙기고 진행했어요. 예를 들어 한 수령이 흉년에 굶어 죽는 백성들에게 곡식을 나눠 주기로 결정을 하면 아전들이 백성들에게 이 사실을 알리고, 필요한 곡식의 양을 파악하고, 나눠 주는 일을 했지요. 또 관청에서 하는 일들에 관한 세부 내용을 문서로 만들고 정리하는 것도 아전들의 일이었답니다.

◆ 관리가 지켜야 하는 원칙

조선 시대 관리들은 관직에 있는 동안 절대 하지 말아야 할 일 네 가지와, 꼭 거절해야 할 일 세 가지를 지키는 것을 바른 관리의 원칙으로 삼았어요. 절대 하지 말아야 하는 일은 부업, 땅을 사는 것, 집을 늘리는 것, 고장의 특산물을 먹는 것이에요. 부업을 하면 그 일을 본업으로 삼는 백성의 형편이 어려워지고, 땅과 집 등 재물에 욕심을 내면 청빈함을 지키기가 어려우며, 고장의 특산물을 먹으면 백성이 그 특산물을 가져다 바치느라 손해를 볼 수 있기 때문이지요. 거절해야 하는 세 가지는 부탁을 들어준 대가로 받는 답례, 경조사와 관련된 돈, 윗사람의 부당한 요구를 말해요. 모두 백성의 삶이 어려워지는 것을 경계하고 재물에 욕심을 내지 말며, 부당한 일에 맞서야 한다는 생각에서 비롯된 원칙이랍니다.

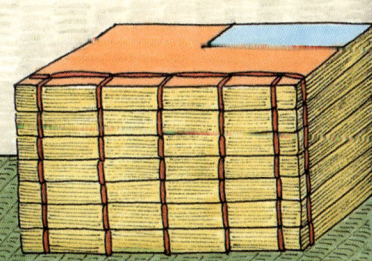

박팽년
왕을 나리라고 부른 선비

선비 박팽년

박팽년(1417~1456)은 조선의 네 번째 왕 세종 때 집현전 학사를 지낸 선비예요. 그는 다섯 번째 왕 문종과 여섯 번째 왕 단종까지 세 명의 왕을 가까이에서 보필했어요. 이후 박팽년은 세조가 단종을 내쫓고 왕위를 빼앗자, 단종의 왕위를 되찾기 위해 노력하다 발각되어 죽음을 맞이했어요. 이때 함께 뜻을 같이하다 처형된 여섯 명의 충신 박팽년, 이개, 하위지, 유성원, 성삼문, 유응부를 사육신이라고 불러요. 박팽년은 죽음도 두려워하지 않고 단종에 대한 절개를 지킨 선비였답니다.

박팽년 왕을 나리라고 부른 선비

선비가 어찌 두 왕을 섬기리오

어느 날 밤 조선의 다섯 번째 왕 문종은 어린 세자를 무릎에 앉히고, 걱정스러운 표정을 하고 있었어요.
'아무래도 내가 오래 살지 못 할 것 같은데, 이 어린아이가 왕위를 이어받아야 하다니, 이를 어찌하면 좋은가. 걱정이로구나.'
문종은 조용히 곁을 지키던 신하를 불렀어요.
"이보게. 지금 바로 박팽년, 성삼문, 김종서, 신숙주 등을 불러 주게."
"예, 전하."
잠시 후 박팽년 등이 들어오자 문종은 나직한 목소리로 말했습니다.
"내가 아무래도 깊은 병에 걸린 것 같아, 자네들에게 이 어린 세자를 부탁하고자 하네."
"전하, 어찌하여 그리 약한 말씀을 하십니까?"
신하들이 몸 둘 바를 모르자 문종은 술잔을 들어 술을 권하며 다시 한 번 간곡히 청했습니다.
"세자가 훌륭한 왕으로 성장하여 이 나라를 다스릴 수 있도록 자네들이 곁에서 지켜 주게."
"전하, 꼭 그리하겠사옵니다."
이리하여 박팽년은 문종의 '고명지신' 중 한 사람이 되었답니다.
고명이란 왕이 죽기 전에 세자나 대신들에게 뒷일을 부탁하며 남기는 말로 왕의 고명을 받은 신하를 고명지신이라고 해요.
얼마 후 문종은 안타깝게 세상을 떠났고, 세자는 열두 살의 어린 나이에 왕이 되었어요. 문종이 눈을 감는 마지막 순간까지 걱정했던 어린 세자가 바로 조선의 여섯 번째 왕 단종이지요.
단종은 한 나라의 왕이 되었지만 세상에 의지할 곳 없는 외로운 신세였어요. 보통 왕이 어린 나이에 즉위하면 어머니나 할머니가 대신 나라를 다스리고는 하는데 단종은 어머니와 할머니도 이미 세상을 떠나고 없었답니다. 그래서 고명대신들은 단종을 더욱 정성껏 보필하고자 노력했습니다.
"이보게 김종서, 우리가 힘을 합쳐서 조정의 관리들을 잘 이끌어 전하에게 큰 힘이 되도록 노력합세."
박팽년은 고명대신 중 한 사람이었던 김종서, 성삼문 등과 함께 책임감을 가지고 조정을 잘 다스렸지요. 그런데 왕족들이 이에 불만을 품기 시작했어요. 왕이 나라를 다스리는 게 아니라 신하들이 나라를 다스리면 왕실의 힘이 약해진다고 생각했거든요. 그중에서도 세종의 둘째 아들이자 단종의 숙부였던 수양 대군의 불만이 가장 컸습니다.
결국 수양 대군은 조카인 어린 단종을 왕위에서 몰아내고 스스로 왕이 되기로 결심했어요. 왕권을 강화하겠다는 이유를 대기는 했지만, 사실은 왕이 되고 싶은 욕심도 컸지요.
수양 대군은 우선 단종과 가장 가까운 김종서를 없앨 계획을 세운 후,

김종서의
집을 찾았습니다.
"김종서 대감, 안에 계시는가?"
"수양 대군 아니십니까? 늦은 시간에 어인 일로
오셨습니까?"
"급히 상의할 일이 생겨서 왔네. 잠시 나와 보시게."
김종서가 문밖으로 나오자, 몰래 숨어 있던 수양 대군의 부하들이
김종서를 향해 쇠몽둥이를 날렸어요. 너무 순식간에 벌어진 일이라
김종서는 피할 새도 없이 그 자리에서 바로 목숨을 잃고 말았답니다.
김종서를 죽인 수양 대군은 부하들을 이끌고 단종을 찾았습니다.
"전하, 김종서가 전하를 몰아내려고 작당을 하고 있었습니다. 그래서
제가 부하를 시켜 그를 처리했습니다."
물론 이 말은 거짓이었지요. 수양 대군은 자신에게 반대하는 조정의
관리들을 차례로 죽이고 순식간에 조정을 자신의 손아귀에 넣었습니다.
그리고 얼마 지나지 않아 단종은 수양 대군의 압력에 못 이겨 왕위를
내어 놓고 궁궐 밖으로 쫓겨나는 신세가 되고 말았습니다. 그렇게 수양
대군은 자신의 조카를 몰아내고 조선의 일곱 번째 왕 세조가
되었답니다.

이 일이 있고 박팽년은 큰 충격과 슬픔에 빠졌어요. 그리고 얼마 지나지 않아 어둠이 채 가시지 않은 새벽, 박팽년은 관복을 정갈하게 갖추어 입고 자신의 집 마당에 나왔어요.

"전하, 하늘 아래 어찌 왕이 둘이 있을 수 있겠습니까? 저 박팽년 오늘 경회루 연못에 제 몸을 던져서 전하를 향한 절개를 지키고자 합니다. 부디 이 못난 신하를 용서하여 주십시오."

박팽년은 단종이 궁궐에서 쫓겨난 후 머물고 있는 집을 향해 절을 한 뒤 경회루로 향했어요. 박팽년은 세조 밑에서 신하로 있느니 차라리 스스로 목숨을 끊어서라도 단종에게 충성을 다해야 한다고 생각했답니다.

경회루가 있는 궁궐에 다다를 무렵이었어요. 박팽년은 새벽까지 일을 하다 집으로 돌아가던 성삼문과 우연히 마주치고 말았습니다.

"자네, 이 새벽부터 어디를 그리 급히 가는 건가?"

성삼문은 박팽년의 굳은 얼굴을 보자 불길한 느낌이 들었어요.

"선비가 어떻게 두 왕을 섬길 수 있겠는가? 절개를 지키지 못할 바에야 살아서 무엇을 하겠나?"

박팽년의 말에 성삼문은 깜짝 놀랐어요.

"이보게. 왜 그리 성급한가? 전하께서 왕위에서 쫓겨나시기는 했지만 그래도 아직 살아 계시지 않나?"

박팽년이 아무 말도 하지 않자 성삼문은 간곡한 목소리로 그를 타일렀어요.

"우리가 살아 있어야 전하를 다시 왕의 자리로 모실 수 있을 것 아닌가?
일이 잘 되지 않으면 그때 죽어도 늦지 않네. 오늘 자네가 죽는 것은
나라에도, 전하에게도 아무런 도움이 되지 않아."
성삼문의 말에 박팽년은 입술을 깨물며 두 주먹을 부르르 떨었어요.
"오늘은 자네의 말을 따르겠네. 하지만 두 왕을 섬기겠다는 의미는
아니야. 전하의 자리를 다시 찾아드릴 수 있도록 우리와 뜻을 같이할
선비들을 자네가 은밀히 모아 줄 수 있겠는가?"
"알겠네. 내 곧 자네에게 연락을 주겠네."
며칠 뒤 박팽년에게 성삼문으로부터 비밀스런 편지 한 통이
도착했습니다.

오늘 밤일세. 아무도 모르게 우리 집으로 오게.

박팽년은 재빨리 편지를 태워 버렸어요. 그리고 캄캄한 밤이 되자
조심스럽게 성삼문의 집으로 향했습니다. 이미 성삼문의 집 사랑방에는
유응부, 이개, 하위지, 김질 등의 선비들이 모여 있었어요.
박팽년은 선비들에게 인사를 한 후 조심스럽게 입을 열었어요.
"지금의 왕은 왕의 자리를 힘으로 빼앗은 파렴치한 사람이요. 그를
왕으로 모실 수는 없소. 선비는 목숨을 내놓을 수는 있어도 두 왕을 섬길
수는 없습니다. 선왕께서 전하를 잘 부탁한다고 몇 번이나

당부하셨는데……. 선왕의 명을 받들지 못했으니 단 하루도 두 발을 제대로 뻗고 잘 수 없습니다."

박팽년의 의기 넘치는 말에 다른 선비들도 맞장구를 쳤어요.

"대감의 말이 천 번 만 번 옳소. 하루빨리 세조를 몰아내고 나라를 바로 세웁시다."

이때 성삼문이 좋은 계획을 내놓았어요.

"며칠 후에 궁궐에서 잔치가 있다고 합니다. 이날 세조를 처치합시다."

"무슨 좋은 방책이라도 있소?"

"우리에게는 별운검 유응부가 있지 않습니까?"

"오, 별운검은 왕 바로 옆에서 칼을 들고 서 있으니 기회를 엿볼 수 있겠군요."

별운검은 왕이 앉은 자리의 뒤에서 큰 칼을 들고 서서 왕을 호위하는 무사를 말해요. 선비들은 일제히 유응부를 바라보았어요.

"걱정하지 마십시오. 제가 세조의 목을 단칼에 베겠습니다."

유응부는 대범하게 말했습니다.

드디어 궁궐에서 잔치가 열리는 날이 되었어요. 그런데 이른 아침 날벼락 같은 소식이 박팽년에게 전해졌지요.

"박팽년 대감, 갑자기 별운검의 호위가 취소되었다고 합니다."

"아니, 뭐요? 어떻게 된 일입니까?"

"장소가 좁다며 별운검을 들이지 않기로 했다고 합니다."

박팽년은 두 주먹을 꼭 쥐었어요. 다른 선비들도 실망했지만 분한 마음을 꾹 누른 채 다음을 기약하기로 했지요. 그러나 김질은 덜컥 겁이 나기 시작했어요.
'혹시 들통이 나서 별운검을 들이지 않기로 한 것은 아닐까? 지금이라도 이 사실을 왕에게 고하면 내 목숨은 살려 줄지도 몰라.'
김질은 결국 세조를 찾아가 그동안 박팽년 성삼문 등과 함께 세조를 없애려는 계획을 세웠었다고 모두 고해바쳤어요.
"뭐야? 이런 괘씸한 놈들! 이번 역모에 가담한 자들을 당장 잡아들여라!"

님 향한 일편단심 변할 줄이 있으랴

박팽년과 성삼문은 결국 세조 앞으로 끌려왔어요.
"네놈들! 김질과 무슨 일을 의논했느냐? 김질은 저 자들이 어떤 일을 꾸몄는지 다시 말해 보아라."
김질이 그동안의 일을 낱낱이 고하자 세조가 두 사람을 다그쳤어요.
"내가 너희를 얼마나 아꼈는데, 이런 일을 저질렀느냐?"
"하늘에는 두 해가 있을 수 없고, 선비에게는 두 왕이 있을 수 없소이다!"
박팽년이 세조를 쏘아보며 대답했어요.
"이놈! 네 죄를 네가 알렸다."
세조는 불같이 화를 내며 불에 달군 쇠꼬챙이로 박팽년의 허벅지를

박팽년 왕을 나리라고 부른 선비

지졌어요. 그러나 박팽년은 꼼짝도 하지 않았지요.
"이놈이 아직 정신을 못 차렸구나. 쇠를 다시 달구어 오너라."
세조는 박팽년과 성삼문에게 차마 말로 표현하기 어려울 정도로 모진 고문을 가했어요. 그러나 박팽년과 성삼문은 오히려 냉랭한 목소리로 세조 곁에 서 있던 김질과 신숙주를 꾸짖었습니다. 신숙주는 박팽년, 성삼문과 함께 공부했던 집현전 학자로, 문종이 단종을 부탁하는 자리에도 있었던 고명지신 중 한 사람이었어요. 하지만 단종이 폐위하자마자 세조 편으로 돌아서 세조를 돕고 있었답니다.
"신숙주, 너와 내가 집현전에 있을 때 선왕께서 뭐라 말씀하셨더냐? 내가 세상을 떠난 후에도 그대들은 꼭 어린 세자 저하를 잘 보살펴 달라고 하지 않으셨더냐? 그 말씀을 어찌 잊을 수 있단 말이냐! 김질, 너는 어찌하여 네 목숨 하나 살리겠다고 뜻을 함께한 동료들을 저버리는가? 나는 이제 곧 죽겠지만, 선비로서 할 일을 하다가 죽는 것이니 조금의 후회도 없다. 너희에게 조금이라도 양심이 있다면 앞으로는 자신을 선비라고 칭하지 마라!"
성삼문의 호통에 신숙주와 김질은 고개를 들지 못했어요.
결국 박팽년과 성삼문은 온몸이 상한 채 옥에 갇히고 말았습니다.
"사람을 이렇게 만들다니! 얼마나 고문을 모질게 했으면……."
"어서 이쪽으로 좀 누우시지요."
감옥에 있던 사람들이 박팽년을 부축해 눕히려고 했어요.

"허허허, 괜찮습니다. 전하께서 아직 궁궐로 돌아오지 못하셨는데 어찌 제가 자리에 누울 수 있겠습니까. 저는 괜찮으니 염려하지 마십시오."
박팽년은 자리에 꼿꼿이 앉아 두 눈을 감았어요. 고문을 받은 곳에서 피고름이 흘렀지만, 박팽년은 개의치 않았습니다.
그날 밤 세조를 따르는 관리가 감옥으로 은밀히 박팽년을 찾아왔어요.
"전하의 어명을 전하려고 왔네."
박팽년이 아무런 대꾸도 하지 않자 그는 더욱 나긋나긋한 목소리로 말했어요.
"전하께서 자네의 재능을 아껴 자네의 목숨은 거두고 싶지 않다고 하셨어. 이 얼마나 잘된 일인가?"
그러나 박팽년은 관리에게 눈길조차 주지 않았습니다. 관리는 답답한 표정을 지으며 다시 한 번 박팽년에게 나지막한 목소리로 속삭였어요.
"내일 전하께서 친국(왕이 직접 죄인을 심문하는 일)을 하실 때 나라와 왕을 배반하는 일을 꾀하지 않았다고 말하면 자네의 목숨을 살려 주시겠다고 이르셨네. 그 대신 자네들을 배신한 김질을 감옥에 가두겠다고 약속하셨어. 어떤가? 전하의 말을 따르겠는가?"
박팽년이 여전히 두 눈을 지그시 감은 채 아무런 말도 하지 않자 관리가 다그쳐 물었어요.
"이보게, 박팽년 대감. 말씀을 좀 해 보시게."
그러자 박팽년은 꼿꼿한 자세로 시조를 읊기 시작했습니다.

가마귀 눈비 마자 희는 듯 검노매라
(까마귀가 눈비를 맞으면 잠시 희게 보이지만 그래도 결국 까마귀는 검을 뿐이다.)

야광명월이 밤인들 어두오랴
(밝은 달은 어두운 밤에 더욱 밝은 빛을 낸다.)

님 향한 일편단심이야 변할 줄이 이시랴
(왕을 향한 나의 충성심은 변치 않는다.)

까마귀는 세조에게 아부하는 간신을 비유하는 말이고, 명월은 세조의 탄압 속에서도 굴하지 않는 충신들을 비유하는 말이었지요. 박팽년의 시조를 들은 관리는 혀를 차며 자리에서 일어났어요.
"쯧쯧, 스스로 목숨을 재촉하다니 어리석은 사람이로다. 내일 전하께서 친국하실 때까지 아직 시간이 남았으니 잘 생각해 보오."

난 나리의 신하가 아니외다.

다음 날, 세조가 박팽년에게 물었어요.
"네 이놈! 어찌하여 반역을 꾀한 것이냐?"
"모름지기 선비는 두 왕을 섬기지 않소. 나리께서는 그런 것도 모르시오?"
"뭣이라? 나, 나리? 이, 이런 못된 놈을 봤나. 감히 왕에게 나리라니?"

세조는 박팽년이 자신을 나리라고 부르자 불같이 화를 냈어요.
"네 놈이 내게 올린 문서에 분명 네 스스로 신(臣·신하)이라 적지 않았느냐!
신은 신하된 자가 왕에게 자신을 칭하는 말인 것을, 이제 와서 나의
신하가 아니라 한들 그것이 무슨 소용이 있느냐! 네 놈은 어찌 선비가
되어 두 말을 하는 것이냐?"
"난 나리 밑에서 벼슬을 하고 있을 때 한 번도 신이라고 쓴 적이 없소이다.
난 나리의 신하가 아닙니다."
그 말을 들은 세조는 얼른 도승지에게 명령을 내렸어요.
"저 놈이 내게 올린 문서를 모두 가져오너라. 분명 본인을 신으로 칭하는
것을 똑똑히 보았다."
얼마 뒤 도승지가 박팽년이 올린
문서를 모두 들고 뛰어왔어요.
"자, 봐라! 이 문서에 신자가…….
앗, 이럴 수가!"
박팽년이 올린 문서에는 신(臣·신하 신)이라는
글자 대신 모두 거(巨·클 거)라고 쓰여
있었어요. 세조는 결국 단종을
향한 박팽년의 충심을 꺾을
수 없다는 사실을 깨닫고 다시
박팽년을 감옥에 가두었습니다.

박팽년 왕을 나리라고 부른 선비

마침내 박팽년은 심한 고문을 이기지 못하고 감옥 안에서 죽고 말았어요. 함께 단종의 복위를 꾀했던 성삼문, 이개, 하위지, 유성원, 유응부 등도 끝까지 절개를 지키다 목숨을 잃고 말았습니다.
이 사건으로 죽은 여섯 명의 충신을 가리켜 '사육신'이라고 해요. 사육신은 비록 비참한 최후를 맞았지만, 사람들은 이들의 단종을 향한 충성심과 부당한 일에 끝까지 저항하는 강직함 그리고 목숨을 바쳐서라도 끝까지 자신들의 신념을 지키는 모습을 길이길이 기억했답니다.

우리가 본받아야 할 선비 정신

절개를 지키는 마음가짐

선비는 신념을 몹시 중요하게 생각했어요. 자기의 신념과 어긋나는 일이 생기면 목숨을 버려서라도 그 신념을 지키려고 했지요. 또한 선비는 믿음과 의리 즉 신의를 지켜야 했어요. 특히 신하가 왕에게 충심을 다하는 태도는 선비가 신의를 중요하게 생각하는 정신에서 비롯된 것이었답니다. 이렇게 신념과 신의를 꿋꿋하게 지키는 태도를 가리켜 절개라고 해요.

박팽년은 절개를 지킨 선비였어요. 그는 세조가 자신이 왕이 되고자 하는 욕심에 눈이 멀어 죄 없는 많은 사람들을 죽이고, 자신의 어린 조카까지 내친 것이 옳지 않다고 생각했습니다. 그래서 끝까지 선비의 신념을 지키며 자신이 모시는 왕에게 신의를 다했지요. 박팽년이 단종을 위해 목숨까지 바쳐 절개를 지킨 건 옳지 않은 일에 타협하지 않고 신하로서의 충성심을 끝까지 보여 준 진정한 선비의 모습으로 널리 알려져 백성들에게 큰 존경을 받았어요. 또한 후세의 많은 선비들이 박팽년의 선비 정신을 본받아 목숨을 바쳐서라도 선비의 절개를 지키기 위해 노력했답니다.

선비와 함께 역사 알기

◆ 왕위에서 쫓겨난 단종은 어떻게 되었을까?

　　사육신이 단종의 복위를 도모했다는 사실이 밝혀진 후, 단종은 강원도 영월의 청령포로 유배를 가게 되었어요. 청령포는 삼면이 강이고 한쪽은 가파른 절벽으로 둘러싸인 산골이었어요. 그러던 중 금성 대군 등이 또다시 단종을 복위시키려고 하다 발각되고 말았지요. 두 번이나 이런 일이 생기자 세조는 단종에게 사약을 내렸어요. 그러나 단종은 자신은 죄인이 아니니 사약을 받지 않겠다고 한 후 안타깝게도 스스로 목숨을 끊었답니다. 이때 단종의 나이는 불과 열일곱이었어요.

◆ 신숙주와 숙주나물

　　숙주나물은 녹두에 싹을 내어 만든 나물을 말해요. 그런데 왜 녹두 나물이 아니라 숙주나물이라고 할까요? 숙주나물은 잘 쉬어서 금방 맛이 변하기로 유명해요. 사람들은 절개를 지키지 않은 신숙주를 비꼬아 나물에 숙주라는 이름을 붙였답니다.

　　세종 때 집현전 학자였던 신숙주는 학식이 뛰어나 세종의 총애를 받았어요. 하지만 문종이 죽은 후, 세조의 편에 서서 단종을 폐위하는 데 큰 역할을 했지요. 신숙주는 이때의 변절 때문에 학식이 매우 뛰어남에도 불구하고 선비로서 존경받지 못했답니다.

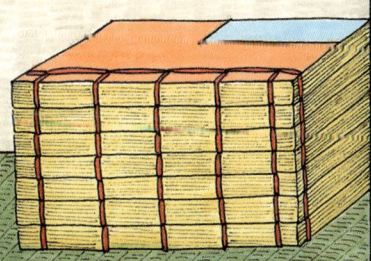

김득신
쉰아홉 살에 과거에 급제한 선비

선비 김득신

김득신(1604~1684)은 조선 중기 때 선비입니다. 사대부의 명문가에서 태어난 그는 어릴 때부터 워낙 머리가 나빠 스무 살이 되어서야 겨우 글을 읽었다고 해요. 하지만 학문을 포기하지 않고 끊임없이 노력하여 마침내 조선 중기를 대표하는 시인이 되었지요. 한 권의 책을 수만 번씩 보며 의미를 깨우치고, 책에서 배운 것은 늘 실천하며 살려고 노력했던 선비입니다. 그 결과 자신의 시와 글을 모은 《백곡집》과 시 비평집인 《종남총지》를 펴냈습니다.

김득신 쉰아홉 살에 과거에 급제한 선비

이 아이는 정말 구제 불능입니다

"하늘 천, 따 지, 검을 현, 누를 황……."
"누를 황 다음은 무엇이냐?"
할아버지의 질문에 어린 김득신은 눈만 껌벅였어요.
"아이고, 답답해라. 이 녀석아. 벌써 몇 번이나 가르쳐 주지 않았느냐.
천자문만 백 번도 넘게 공부했는데 아직도 그걸 못 외워?"
할아버지는 바닥에 곰방대를 탁탁 두드리며 목소리를 높였어요. 이제 막
다섯 살이 된 김득신은 풀이 죽어 고개만 숙이고 있었지요.
"오늘은 그만 건너가거라."
할아버지는 책을 덮으며 고개를 돌려 버렸어요.
그날 밤 김득신의 할아버지와 아버지는 심각한 얼굴로 마주 앉아
이야기를 나누었습니다.
"아범아, 득신이는 왜 이렇게 머리가 둔한 것이냐?"
"그러게요. 천자문을 그렇게 많이 읽었는데도 아직이니……."
김득신의 할아버지와 아버지는 아주 높은 벼슬을 지냈고, 학식이 높기로
소문난 선비들이었지요. 그런데 어찌 된 일인지 김득신은 머리가 정말
나빴답니다.
"김 판서 막내아들은 득신이와 동갑인데 벌써 간단한 한시를 짓는다고
하더구나. 휴우……."

할아버지가 땅이 꺼지도록 한숨을 쉬자 김득신의 아버지가 말했어요.
"아버님, 아무래도 우리 득신이가 갓난아이일 때 천연두를 심하게 앓아서 머리가 둔해진 것이 아닐까요?"
"그렇다고 평생 공부도 가르치지 않고 그냥 내버려 둘 수는 없는 일 아니냐?"
"물론이지요. 공부를 하지 않고 어떻게 선비가 되겠습니까? 훌륭한 선생님을 모셔서 글공부를 시켜 보면 어떨까요?"
"그래, 그렇게라도 해 보자꾸나."
얼마 뒤 유명한 훈장님이 김득신의 집에 머물며 어린 김득신에게 글공부를 가르치기 시작했습니다. 그러나 아무리 열심히 가르쳐도 김득신의 공부 실력은 나아지지 않았지요. 금방 가르쳐 준 글자도 돌아서면 까먹는 김득신의 모습에 훈장님도 고개를 절레절레 흔들었어요. 결국 훈장님은 김득신의 아버지에게 더 이상 수업을 할 수 없다고 이야기했습니다.
"아니, 이보게. 그러지 말고 다시 한 번 가르쳐 보게. 내 이렇게 부탁하네."
김득신의 아버지가 간곡히 부탁했지만 훈장님은 뒤도 돌아보지 않고 김득신의 집을 떠나며 말했어요.
"이런 말씀을 드리기는 죄송하지만, 이 아이는 정말 구제 불능입니다."
김득신의 아버지는 실망스럽기는 했지만 잔뜩 풀이 죽어 있는 김득신을 향해 다정하게 말했습니다.

"득신아, 다른 사람들은 너를 구제 불능이라 하여도 이 애비는 절대 그렇게 생각하지 않는단다. 비록 또래보다 늦게 글을 깨우치더라도, 네가 열심히 노력하다 보면 분명 훌륭한 선비가 될 수 있을 거야."

"예, 아버지! 열심히 공부해서 꼭 훌륭한 선비가 되겠습니다."

아버지의 말씀에 힘을 얻은 김득신은 그날부터 늘 책을 가까이했어요. 글을 깨우치는 속도는 남보다 몇 배나 느렸지만, 절대 포기하지 않았지요.

김득신의 지독한 공부법

조선의 선비들은 짬이 날 때면 시를 읊으며 여가 시간을 보내곤 했어요. 어느새 청년이 된 김득신도 늘 시를 가까이하며 지냈답니다.

한식날이었어요. 한식은 우리나라의 명절 중 하나로 4월 5일 무렵이에요. 말을 타고 하인과 함께 길을 가던 김득신은 문득 멋진 시 한 구절이 떠올랐습니다.

"말 위에서 한식을 만나니. 정말 좋구나. 다음은 뭐라 하면 좋을까?"

김득신이 머리를 쥐어짜고 있자 옆에 있던 하인이 물었어요.

"도련님, 뭘 그리 골똘히 생각하십니까?"

"허허, 그게 말이다. 말 위에서 한식을 만나니, 그 다음에 이을 멋진

문장이 생각나질 않는구나."
그러자 하인이 대뜸 이렇게 말했어요.
"도중에 늦은 봄을 맞이하였네."
김득신은 깜짝 놀라 하인에게 물었어요.
"네 재주가 나보다 낫구나. 어떻게 그런 멋진 문장을 생각해 냈느냐?"
그러자 하인은 뒤통수를 벅벅 긁으며 멋쩍게 웃었어요.
"왜 이러십니까? 이건 날마다 도련님께서 외우시던 당나라 시가
아닙니까?"
그제야 김득신은 자신의 이마를 탁 치며 자신의 어리석음을
부끄러워했답니다.
또 한번은 이런 일도 있었어요. 김득신이 친구들과 모여 시를 지으며
놀고 있었어요. 김득신은 친구들 앞에서 멋진 시를 발표하고 싶었어요.
그는 한참 동안 생각에 잠겼다가 마침내 입을 열었습니다.
"여보게들, 내게 아주 멋진 시가 생각났다네. 한번 들어 보게나."
친구들은 잔뜩 기대에 찬 얼굴로 김득신을 바라보았습니다.
"흠, 흠. 삼산은 푸른 하늘 밖에 반쯤 떨어지고, 이수는 백로주에서 둘로
나뉘었네. 어떠한가? 이 정도면 정말 멋진 시지?"
김득신은 우쭐한 표정으로 친구들을 둘러보았어요.
"득신이 자네, 정말 왜 그러나? 그건 이백의 시 〈봉황대〉잖아."
친구들은 배꼽을 잡고 웃어 댔습니다.

'이크! 내가 이백의 시를 너무 여러 번 읽어서 착각했구나.'
김득신은 쥐구멍에라도 숨고 싶은 심정이었지요.

조선 시대 선비들은 학식이 높은 선비가 되기 위해서는 수많은 책을 읽고, 책의 의미를 깨우쳐야 한다고 생각했어요. 물론 김득신도 그렇게 생각하고 있었고요. 더군다나 머리가 좋지 않았던 김득신은 좋은 책이 있으면 수만, 수억 번이라도 읽고 또 읽으며 책의 의미를 깨우치기 위해 노력했답니다. 어찌나 책을 많이 읽었던지 가끔은 자신이 떠올린 시와 책에서 읽은 시를 혼동하는 실수를 할 정도였지요.

이런 김득신에게도 꼭 이루고 싶은 꿈이 하나 있었습니다. 그것은 바로 할아버지와 아버지의 대를 이어 과거에 급제해 훌륭한 관리가 되는 것이었어요. 그러나 현실은 만만치 않았어요. 김득신은 누구보다도 더 열심히 노력했지만 번번이 과거 시험에 떨어지고 말았답니다. 그래도 절대 포기하지 않고 계속 노력한 끝에 마침내 김득신의 나이 쉰아홉에 그 꿈이 이루어졌습니다.

"자네들 소식 들었나?"

"무슨 소식?"

"김득신 선비가 드디어 과거에 급제해 성균관에 들어갔대."

"정말? 그 노인네가? 믿을 수가 없군."

조선 시대에는 지금처럼 의술이 발달하지 않아 일반 사람들의 평균 수명이 예순 살 정도였답니다. 그러니 예순이 다 된 나이에 과거에 합격한 김득신은 평생 동안 꿈을 포기하지 않고 공부한 것과 다름없었지요.

늦은 나이에 과거에 급제한 김득신은 성균관에서 젊은 선비들과 함께 유학을 공부했어요. 그때 누가 지나가는 말로 김득신에게 이런 질문을 했다고 해요.

"자식뻘인 아이들과 함께 공부하는 게 창피하지 않습니까?"

그 말을 들은 김득신은 이렇게 대답했지요.

"죽을 때까지 배움을 게을리하지 않는 것이 선비의 도리입니다. 게다가 성균관 유생들은 학식이 뛰어난 선비들입니다. 그들의 나이가 어린 것이 뭐가 그리 중요합니까?"

김득신은 나이가 많이 들어 공부를 하는 것은 절대 부끄러운 일이 아니며 배움은 선비가 평생 지켜야 할 도리라고 생각한 것이지요. 이러한 생각은 김득신의 묘비에 새긴 글을 보면 잘 알 수 있어요.

재주가 다른 이에게 미치지 못하다고 스스로 한계 짓지 마라.
나처럼 어리석고 둔한 사람도 결국에는 이루었다. 모든 것은
힘쓰고 노력하는 데 달려 있다.

이 글은 김득신이 살아 있을 때 미리 지어 놓은 묘비에 새길 글이었어요.
김득신은 마음이 약해질 때마다 이 글을 보며 공부 의지를 더욱
다졌다고 합니다.

책 속에서 찾아 낸 선비의 길

어느 날 김득신의 집에 오랜 친구인 구장원이 찾아왔어요. 구장원은
김득신과 함께 이런저런 이야기를 하며 즐거운 시간을 보내고 집으로
돌아가기 위해 일어서며 말했습니다.
"이보게, 득신이! 건강히 지내다 일 년 후 오늘과 같은 날짜에 우리
집에서 만나세."
"그거 좋지. 내 꼭 잊지 않고 가겠네."
어느새 일 년이 지나 마침내 약속한 날이 되었습니다. 그런데 하필 며칠
전부터 태풍이 와서 세찬 비바람이 계속되고 있었지요. 김득신과
구장원은 걸어서 꼬박 사흘이 걸리는 거리에 살고 있었어요. 구장원은
사랑방 문을 열었다가 도로 닫으며 혀를 끌끌 차며 말했습니다.

"설마, 이런 날씨에 여기까지 행차하진 못하겠지……."
구장원은 김득신이 오지 못할 것이라 생각하고 잠자리에 들 준비를 했습니다. 바로 그때였어요.
"장원이, 나 왔네"
구장원은 온몸이 비에 젖어 대문 앞에 서 있는 김득신을 보고 깜짝 놀라 물었습니다.
"자네, 이 비바람을 뚫고 사흘을 걸어왔단 말인가?"
"미안하네. 내가 좀 늦었지."
"아니, 이렇게 비바람이 거세면 그냥 집에 있을 것이지."
구장원의 말에 김득신은 고개를 저었어요.
"어허, 그게 무슨 소린가? 책을 통해 그리 배웠단 말인가? 자고로 선비가 약속을 했으면 꼭 지켜야 한다고 하였네."
김득신은 책을 읽기만 한 것이 아니라, 책을 통해 배운 것은 반드시 행동으로 옮기는 선비였습니다. 입 밖으로 내뱉은 말에 책임을 지려는 태도도 책에서 얻은 배움을 실천하는 일이었지요. 그러니 비바람이 분다고 약속을 어기는 것은 김득신에게 절대 있을 수 없는 일이었을 거예요. 그는 비록 남들보다 명석하지는 못했지만, 열심히 공부하고 그것을 바르게 행하여 부끄러움 없는 삶을 살기 위해 평생을 노력한 훌륭한 선비였답니다.

우리가 본받아야 할 선비 정신

배움을 탐구하고 실천하는 마음가짐

공자는 배움과 교육을 매우 중요하게 생각했어요. 유교의 대표 경전인 논어의 첫 구절도 '배우고 때때로 익히면 기쁘지 아니한가!'라고 시작할 정도였지요. 하지만 공자가 배움보다 더욱 중요하게 강조한 것은 배운 것을 제대로 실천하는 태도였습니다.

조선의 선비들도 이런 가르침을 본받아 그저 머릿속에 담긴 지식을 뽐내는 건 진정한 선비의 태도가 아니라고 생각했습니다. 선비들은 열심히 학문을 익힌 후 조정에 나아가 배운 내용을 바탕으로 바른 정치를 펼치고 왕을 보필해야 한다고 생각했지요. 또한 배움을 바탕으로 자신의 인격을 완성하기 위해 노력해야 한다고 생각했답니다.

김득신 또한 이런 선비 정신을 평생에 걸쳐 몸소 실천한 선비였어요. 다른 사람들의 조롱 섞인 시선도 신경 쓰지 않고 자신의 목표와 이상을 향해 도전을 멈추지 않고, 배움과 실천을 행한 진정한 선비였답니다.

선비와 함께 역사 알기

◆ 선비들은 어떤 책을 읽었을까?

　　조선 시대 선비들은 공자의 사상과 가르침을 담은 책들을 읽었어요. 가장 먼저 어린이들을 위한 유교 경전인 《소학》을 읽었고, 어느 정도 실력이 붙은 후 '사서삼경'을 읽었어요. 사서삼경은 유교의 기본 경전으로 《논어》《맹자》《중용》《대학》《시경》《서경》《주역》을 말해요. 이 중 《논어》는 공자와 그의 제자가 서로 묻고 답한 내용을 담은 책이에요. 선비들은 《논어》를 비롯한 경전들을 공부하며 공자의 정신에 대해 토론하고 연구했답니다.

◆ 선비들의 독서법

　　조선의 독서왕 김득신은 왜 한 책을 수만, 수억 번씩 되풀이해서 읽었을까요? 바로 책 속에 담긴 뜻을 바로 이해하기 위해서였어요. 선비들은 책을 읽다가 그 뜻이 어려워 이해할 수 없을 때에는 잠시 쉬었다가 다시 읽었다고 해요. 마냥 쉰 게 아니라 천천히 산책을 하면서 글 속에 담겨져 있는 뜻을 생각하는 등 여유롭게 글의 의미를 곱씹으면서 말이지요. 이렇게 공부한 지식을 여러 사람들과 토론하면서 자신의 학문을 더욱 발전시키는 것이 선비들의 독서법이었답니다.

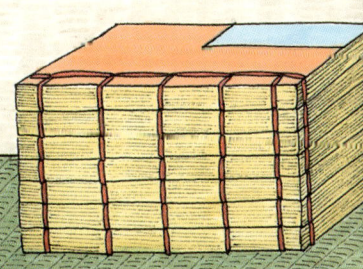